地势坤，君子以厚德载物。

个性

极简庄子

王蒙 著

北京联合出版公司
Beijing United Publishing Co.,Ltd.

图书在版编目（CIP）数据

个性 : 极简庄子 / 王蒙著 . —北京 : 北京联合出版公司 , 2019.9

ISBN 978-7-5596-3496-2

Ⅰ . ①个… Ⅱ . ①王… Ⅲ . ①道家②《庄子》- 研究 Ⅳ . ① B223.55

中国版本图书馆 CIP 数据核字（2019）第 156663 号

个性：极简庄子

作　　者：王　蒙

责任编辑：徐　樟

北京联合出版公司出版

（北京市西城区德外大街 83 号楼 9 层　　100088）

天津旭丰源印刷有限公司印刷　　新华书店经销

字数：150 千字　880mm×1230mm　1/32　印张：8

2019 年 9 月第 1 版　　2019 年 9 月第 1 次印刷

ISBN：978-7-5596-3496-2

定价：48.00 元

目 录

序 章 人生需要学点哲学

第一章 世界的哲学是什么

第三章　做一个真人

序章　人生需要学点哲学

人生的哲学需要激活

金石本来好听，但是无道则如无人敲打，仍然是默默无声。天下万物是自然的芜杂的存在，道是深潜而澄明的本质，本质起着驱动的作用。

英语中的说法，叫作激活。道就好比那敲打金石的手，那激活的一敲，便驱动了一组天然的程序。

“金石有声，不考不鸣。”

金石有佳音，不敲无以鸣。

《天地》

明白地活在这个世界上

万物纷扰杂乱变易有它的实在性，大千世界有自己的章法、自己的主心骨，有其时间与空间的规定性。

世界是奥秘的，又是明确的，是无穷的，又是具体的，是运动中的，又是不变的，是永远没有绝对把握的，又是清楚的。

哲学的伟大并不会压迫我们凡庸之人，而是帮助我们更加踏实和明白地生活在这个世界上。

“古今不代，而不可以亏。”

古今无端却不能相互替换，万物纷杂却哪个都不能缺少损坏。

《徐无鬼》

知天知人，就是智慧

世间的知识、智慧分两种，一个叫知天，天之所为；一个叫知人，即掌握人之所为。知道天是怎样运作、人是怎样运作的，就算齐了。

能够懂得天之所为即命运、吉凶、变异、生死与各种天象等，是天生的、自然而然的，只需乐天知命，只需顺天而行。

人没有全知全能的，谁都是生存在半知半解中，用你的知识和智慧所掌握的一切，去保养、帮助、调理、安慰、平衡、发育、托举你的知识和智慧，启发你认定尚未掌握的那更多的东西。

“知天之所为者，天而生也；知人之所为者，以其知之所知，以养其知之所不知，终其天年而不中道夭者，是知之盛也。”

知道天的运作，是遵循天道、倾听天道而产生的了悟。知道人事运作，是以人类的所知，弥补人类的所不知。能够做到终其天年，不至于半道上夭折，也就是智力与知识的发达有效了。

《大宗师》

要有大智慧

人们常常相信大的比小的宏伟、超越、高尚、长远、厚重。

未能大而化之者，只能小而病之，自找麻烦。

减少无谓的名词之争、从概念到概念之争、瞎子摸象之争是可以的，也是必要的，是有可能逐渐有收效的。

“大知闲闲，小知间间；大言炎炎，小言詹詹。”

大智慧从容舒展，小聪明锱铢必较；大智慧大而化之，小聪明是是非非。

《齐物论》

识别真正的智慧

一个学说，一个主张，我们要掂量一下它的自我评价。

如果它认为自身已经竭尽了对于真理的发现与表述，如果它一心堵住继续探讨与发展的道路，如果它一心要宣布历史的终结、真理的终结、道术的终结，别人也就很难再相信它了。

“其理不竭，其来不蜕，芒乎昧乎，未之尽者。”

它的道理保持着没有止境的开放性，它的各种论点不会偏离根本的宗旨。

同时保持着茫然昏昧的混沌，不把道术讲满讲尽。

《天下》

明白天地的道理，万物的性情

认定了某一样是正确的，师从之，跟随之，而将那些被这个“是”所否定掉的一切全部抹杀。

这样的信念是不明白天地的道理，不晓得万物的情性，容易产生价值偏执与唯意志论。

以个人主观的好恶定是非、判善恶，会只知其一不知其二，知道天不知道地，知道理想不知道现实。

“师是而无非，师治而无乱乎，是未明天地之理，万物之情者也。”

效法对的抛弃错的，效法治理好的抛弃治理混乱的，要自己以是为师法，而不要非，以治理为师法，而不要动乱；这种说法是不了解天地间的大道理和万物的实情。

《秋水》

要有想象力

视障者无法阅读文章，聪障者无法欣赏钟鼓。

岂止是生理上有盲目与聋哑呢？知识智能上也是同样的。

需要想象力、对文学艺术的感悟能力以及对文学艺术的虚构的知音，不只是需要经验与技术层面的判断真伪能力，也不仅仅是严格地掌握逻辑规则进行推理思辨的修养。

“瞽者无以与乎文章之观，聋者无以与乎钟鼓之声。”

对于盲人无法让他领会文采的美观；对于失聪者无法让他知晓钟鼓的乐声。

《逍遥游》

不要局限于已知

有那么一种人，听了许多种道理说法，最后还是以为谁说的也比不上自家。

自以为掌握了一些知识，就得道了，沾沾自喜，以为自己已经拥有了天下最美好、最宏伟的一切。

这是浅陋可笑的，不长见识的，没有见识过真正的大道理。

等真正开眼了，服气了，认识到大道的难以穷尽了，原来的得意扬扬的样子，只能使见闻与境界阔大的高人见笑，叫作贻笑大方。

“闻道百，以为莫己若。”

听得多了，还是以为谁说的也比不上自家。

《秋水》

认清无知的领域

你掌握了的、可以运用的知识其实十分有限，但是调动起更大的对于无知领域的估量与感觉，你就不会在世界上感到一无所知、一无所能。

有了无知的领域，才能把握与运用已知的领域为人类、为自身做事。无知，是有知、用知和求知的支撑。

"人之于知也少，虽少，恃其所不知而后知天之所谓也。"

人对于各种事物的了解本来很少，虽然很少，却要仰仗着对于所不知道的一切的大概把握而后才能够去探求天道的意向与表达。

《徐无鬼》

承认自己的无知

已经知道的知识经验，只是整个世界的知识的极小极小的一部分，与此同时，对不知道的事情，你有没有一个自己的估摸呢？

有时，人们是依靠自己的不知，而得到某种知的方向，甚至还得到了行的方向。

这种知的与行的方向的前提，正是承认自己的有所不知，所以不搞妄自尊大，不搞妄自菲薄。

“人皆尊其知之所知，而莫知恃其知之所不知而后知，可不谓大疑乎！”

人人都珍重自己的才智已经了解的知识，却不懂只有仗恃自己的才智所不知道的知识，才能更多地知道一些知识，这能不算是最大的困惑吗？

《则阳》

不拘泥于片言只语

语言是用来表达某种意思的，理解了意思，不必迷恋语言、修辞、声调、风格。

语言也可以有独立性，语言可以促进或弱化思维，可以成为推敲和延展的对象。

语言有可能偏于执着、空洞、强烈。语言本身仍然有暗示的作用、控制人的作用。

不必拘泥于片言只语，要全面地准确地理解。

“言者所以在意，得意而忘言。”

言语是用来传告思想的，领会了意思就忘掉了言语。

《外物》

不要本本主义

书籍可以看，看到的是形状与颜色；书籍可以读，读出的是声音和名称。

仅仅以语言文字的形状、名称、读音、视听感觉与印象来感知世界，这靠得住吗？用语言文字的视听感受来寻找对于世界的视听感受，这是足够的吗？

遵循着文字—书籍—知识—意义—智慧的路线来尊重文字与书籍，又要做到不接受本本主义。

"语之所贵者意也，意有所随。意之所随者，不可言传也。"

言语的可贵之处在于它的意义。意义是有所来由有所指向的，也是很难用言语表达的。

《天道》

认识真正的智者

真正有智慧有知识的人可能不喜欢讲话，而那些滔滔不绝的人很可能智慧与知识极其有限。

我们要不受虚浮言辞的干扰，要能识别得清谁有智慧，谁没有智慧，谁有知识，谁没有知识。

智者不应是说教者，而应通过自我修养，言行一致，豁达大度，以取得人们的尊崇。

“知者不言，言者不知。”

有智慧的人不一定口若悬河，滔滔不绝的人不一定有智慧。

《天道》

认清名和实的分别

名声、职位与一个人的实际，有时并无那么贴切的逻辑关系。

但是丢了实求名，丢了主求宾，倒是俗人的通病。

人这一生，忘掉了主，却为宾而闹它个死去活来，这样的事已成人类通病。

“名者，实之宾也。”

名声是实际的附属物。

《逍遥游》

不辩论

一心巧言胜人，把违反人之常情常识的东西说得像真的一样，就会与众不合，脱离群众。

缺少道德修养，着重表面文章，走的是崎岖小道。

只知以辩对辩，能有什么真正的学问与发明创造呢？

"说而不休，多而无已，犹以为寡。"

解说万物万象，喋喋不休，没完没了，还嫌说得不过瘾。

《天下》

知而不言

知晓道比较容易，不去言说道却相当困难。

有所知晓但无所谈论，这就是抵达天道、抵达天然之路。

有所知晓却信口谈论，这是抵达人事红尘的凡俗之路。

我们有讲知易行难的，有讲知难行易的，有讲知行合一的，而这里却讲开了知易不说难——说则投入到人世间，不说则与天神交。古人注重的是天意、天命、天道，而不是人事。

“知道易，勿言难。知而不言，所以之天也；知而言之，所以之人也。”

懂得自然规律容易，达到忘言境界难。悟道而忘言，能静心发慧者，活得自然，活得真实。了解规律把它用语言说出来，那是人为的表象，并非真实。

《列御寇》

保持谦卑与低调

要作认知判断，而不急于作价值判断，还没弄清真相，就先分辨好坏、美丑、善恶、爱憎，是无根据地瞎说。

道也罢，言也罢，并没有铁定的标准与范围。三维空间之外，我们只能搁置在那里。

对于古典经典的历史与文书，可以有所体认讨论，但是不妄加批评指摘，在世界与历史面前要保持谦卑与低调的态度。

"六合之外，圣人存而不论。"

对三维空间以外的事情与话题，圣人搁置在那里暂不讨论。

《齐物论》

体悟人生的路径

虽然把古书都说成糟粕，略走极端，其含义却堪称石破天惊。强调的是身教大胜于言传，言传又大胜于读书。

从书本到书本，而不是从生活到书本，再从书本到生活，多次的生活与书本之间的往返双向交通，你依然悟不到精华。只有顺着认识、感受、实践、经验、人生把这一切联系、消化，才可以得到真正的体悟。

“古之人与其不可传也死矣，然则君之所读者，古人之糟魄已夫。”

古时候的人已经随着他们那些不可言说的道道儿一去不复返了，能够流传下来的，恰恰不是那最奥妙的精华。那么君王所读的书，不是古人的糟粕又是什么呢？

《天道》

建立平静坚强的心境

理性地、知性地做主自己的心境，有了平静坚强的心境则进入了恒常无忧的大境界。

个人的修养境界高于一切具体或专业知识，本初的纯洁质朴高于、优于后天所受的教育与影响的观念。

不睬具体，着重整体，不睬细目，而着重主纲。这样的人就是超人、至人、圣人，直通神人。是神人自然使万众心服口服，桃李无言，下自成蹊。

"以其知得其心，以其心得其常心。"

用理智管束行为，用观点塑造平常心。

《德充符》

真正获得解放

懂了无穷，体悟到了无穷，就是逍遥之游。

无穷才是根本，进入了无穷就能逍遥地游个不亦乐乎，能真正地解放，真正地逍遥。

物物而不物于物，即使用外物，而不被外物使役；真正地主宰自身，优游自适。

“若夫乘天地之正，而御六气之辩，以游无穷者，彼且恶乎待哉！”

若是乘着天地间的正常运行，驾驭着六气的自然变化，遨游在不受时空限制的道的领域，这还有什么需要凭借的呢！

《逍遥游》

第一章　世界的哲学是什么

天地有大美

很多人，往往是说的比做成的多，说的比唱的好听，更不要说比做到的好听了。而天地的形象、天地的境界、天地的功能——大德，却给人们提供了真正恢宏、谦逊、自信、博大而且沉潜的榜样。

语言与文字的使用是人作为万物之灵的标志，它们是文化的载体，是人类活动的花朵也是果实，但也是人类的灾难：多少时间、多少生命、多少财富、多少智慧都浪费在空谈、假话、作秀、诱惑、语言暴力、语言骗局当中！

“天地有大美而不言。”

天地具有宏大的美丽，却从来没有什么言语表述。

《知北游》

认识世界，认识自身，认识道

人为什么学习？动机之一，过程之始就是为了认识世界，也认识自身。

万物的存在与变化都是道的证明与体现。世界万物万象，各有其成为自身的缘由。

道，是由于运行、由于它表现出来了，起了作用了；或者是由于你的行为，由于你的试图运用它而被称作道。

“道行之而成，物谓之而然。”

道路是人走出来的，事物的名称是人叫出来的。

《齐物论》

辩证地认识世界

一尺之棰是有限的物体，但它却可以无限地分割下去。这个辩论讲的是有限和无限的统一，有限之中有无限。这是辩证的思想。

现在看来，这句话是不对的，物质不是无限可分的。

"一尺之棰，日取其半，万世不竭。"

一尺长的木棍，每天截掉一半，永远也截不完。

《天下》

远离世界的纷纷扰扰

辛辛苦苦，心劳日拙，原因在于世界的不同一，在于我们生活在一个熙熙攘攘、纷纷扰扰的世界上。

还在于寻找世界的同一性、企图把握那个最根本、最唯一的一而不可得，找不到真理，找不到一致。

人们却忽略了万物万象本来是有同样的道理、同样的存在的依据、同样的为大道所衍生的性质。本来是相同的、相通的、相合的，却还要争辩不休，区分不休，劳神不休。

“劳神明为一，而不知其同也。”

被喜怒爱恶欲所驱使的心意之妄动与其内在的思辨觉知之作用是一个本原，而人们却不知道。

《齐物论》

认识世界的宏大

风之积累恰如造船的水之积累，要厚、要多、要满足数量的要求。

每一种自然现象都与大道相通。

宏伟、辽阔、高远、大言鸿论惊世都是可以的，关键在于你拥有的那点风、那点水的积累有多大、多厚、多足，在于你有多少存货。

“覆杯水于坳堂之上，则芥为之舟；置杯焉则胶，水浅而舟大也。”

倒一杯水在低洼的地方，那么一片叶子就能在上面做船；放上杯子就会贴到地，这是水太浅而船太大的缘故。

《逍遥游》

世界与我相互依存

世界与自身都是相对应而存在。

如果没有我，没有感知的主体，没有有感知能力的主体，客体的存在又被谁、被哪一个所感受、所知晓呢？

“非彼无我，非我无所取。”

没有我的对应面就没有我本身，没有我本身就没法呈现我的对应面。

《齐物论》

把我藏进世界

把小东西藏到大范围中，本来是适宜的，但仍然会走失，仍然有被藏与包藏的区别。

藏与被藏能分离，也就是藏了也靠不住。而如果藏与被藏合而为一，把天下藏到天下中，那就是永恒的存在与包藏，永恒的合一，也就没有什么区分，也就永远不会走失。

人与天的合一、人与自然的合一，是人的思想境界的真正的扩充、再扩充，唯此才能做到人与大道的无间、合一、交融、互动。

藏自身于无限，置自身于永远，进入无限，衔接永远。永无错位，永无龃龉，永无烦恼嗔怨悲情仇恨乖戾。

"若夫藏天下于天下而不得所遁，是恒物之大情也。"

假如把天下藏在天下里而不会丢失，这就是事物固有的真实之情。

《大宗师》

融入世界最安全

鸟兽从来不嫌山岭过高，鱼鳖从来不嫌水域过深。

人的生存发展离不开与周遭环境的关系。那些善于保护自己的形体本性的人，隐蔽自己的身形，怎么会嫌弃深幽高远呢？

“夫函车之兽，介而离山，则不免于网罟之患；吞舟之鱼，砀而失水，则蚁能苦之。”

嘴大得能含车的巨兽，孤身离开山林，不能免于就擒于罗网的灾难；口能吞船的大鱼，一旦被浪头冲出水域，小小的蚂蚁也能让它狼狈吃苦。

《庚桑楚》

随遇而安

四海之内的众人都有利，他就高兴；能使众人都满足需要，自己就安生。

糊涂，忘却，混沌，融合，轻外物而重内心，无忧无虑，无心无物，无形无迹，到哪儿说哪儿，随遇而安，舒舒服服。

“德人者，居无思，行无虑，不藏是非美恶。”

有德之人，住下来不必费心思谋，做起事来不必忧虑担心，心里不存有是非美丑之辨。

《天地》

人需用的地面，不能只顾放脚

地不能不说是既广又大的了，人所用的只是能放得下脚丫子的一小块地面罢了。

如果只留下脚踩的那一小块，把其余挖掉，地对人来说还有用吗？

有用无用是互相配合才发挥作用的。

你走道，道路对你行路有用的，只是与你的脚印大小与位置完全一致的那踩过的部分，这路面是有用的还是无用的呢？

“地非不广且大也，人之所用容足耳。”

地不能不说是既广又大的了，人所用的只是能放得下脚丫子的一小块地面罢了。

《外物》

体会大与小

无穷大，叫作“不可围者”，即认为无穷大之外再无存在，再无外围，叫作至大无外。无形，即微小的一再分割使之已经没有形体，近于零，或者干脆就是零，无法再分割，叫作至小无内。

往浅里说，人们说出来的常常只是粗略的轮廓，人们想象体会的却可能是精微的细部，而最最宝贵与重要的，却是口里说不出，而心里也捉摸不定的那分不出精与粗的混沌与变易。这很符合实际，又带有几分悖谬，令人无奈。

“夫自细视大者不尽，自大视细者不明……故异便，此势之有也。”

从小里看大，永远看不全；如果是从大看小，永远看不清。大与小各有各的特点，这是情势状态所造成的。

《秋水》

整合、平衡杂乱的世界

杂多是世界的一个特点，民智越开发，教育越普及，“道”就越是花样翻新、各有一套、千奇百怪。

要懂得和而不同的必然性、君子性和优越性，仅仅反对或惧怕杂多不但没有用，而且可能走向反面，变成一言堂与专制主义。

面对杂多，要有整合与平衡的能力。

“夫道不欲杂，杂则多，多则扰，扰则忧，忧而不救。”

道理怕就怕太杂。杂了就多，多了就乱，乱了就焦虑而且悲观，又焦虑又悲观了，也就无可救药了。

《人间世》

自然没有高低

从无穷大的宇宙来说，不存在谁比谁高的比较依据。

从地表来说，那么当然，地比天低，而山比泽高。

从经验的角度，二者间有高低上下之别，不讲这一点，是后来的许多解人讲得不清楚不全面的地方。

从理论的、想象的、超越形而下的角度看，那么万物，包括这个星系与那个星系之间，本没有高低上下的区别。

从这个意义上说，上下高低的计较，流露着本身的狭小与卑微。

"天与地卑，山与泽平。"

天和地一样低，山和泽一样平。

《天下》

万物没有贵贱

从大道的观点来看，万物是大道的下载，都是大道的运行，相互间本无高低贵贱的区分；

从万物自身的眼光来看，差不多都认为自身是高贵的，而他人他物是低贱的；

从世俗的眼光看，贵贱都是机遇、运气造成的，与它们自身的品质与努力无关。

万物是相对的，没有这一面也就没有另一面；万物是主观的，一粒沙里可以看到世界，一朵花里可以看到天堂，一小时中可以体会永恒。

“以道观之，物无贵贱；以物观之，自贵而相贱；以俗观之，贵贱不在己。”

从自然的常理来看，万物本没有贵贱的区别。从万物自身来看，各自为贵而又以他物为贱。拿世俗的观点来看，贵贱不在于事物自身。

《秋水》

尊重万物

人们各有一套缘由，对某种说法点头称是；也各有一套缘由，对一些说法不以为然。

这里是泛讲万物存在的合理性与自然性。

“物固有所然，物固有所可，无物不然，无物不可。”

物既然存在，自有其存在的缘由。没有任何东西不可以存在，不可以是它自身的那个样子。

《寓言》

不以自我判断世界

如果是按照鸟的习性与需要来养鸟，就将鸟儿放飞到深山老林，使鸟儿能够嬉戏在沙洲岛屿之上，浮游于江河湖泊之中，自自然然、随随便便、无有定规定形地栖居。

万物各有其性，要遵循万物的本性行事，这就叫把事情搞顺，而且造福长久。

太多的蠢人以己度人乃至度物，以自身为标准来判断世界、剪裁世界。

"此以己养养鸟也，非以鸟养养鸟也。"

按自己的习性与需要来养鸟，不是按鸟的习性与需要来养鸟。

《至乐》

不伤害自然

不论自然界、生物界还是人类，都不可避免地产生矛盾，产生摩擦，存在生存竞争、优胜劣汰、弱肉强食，这是无法否认的现实。作为理想，互不相扰，当然是好。

强调和谐有序，强调个人的主观感受，诸如逍遥自在、潇洒无愧、适可而止，不驱动过多地向外扩张侵略。

“不伤物者，物亦不能伤也。”

不伤害外物的人，外物也不可能伤害他。

《知北游》

对待宇宙万物，以不变应万变

重视静止、平静，而将运动视为相对的假象式的东西。宇宙万物，都是既有变动不羁的一面，又有恒常、守恒、万古如一的一面，变动往往比较表面。

不因为日新月异而眼花缭乱，更不因之而头昏脑涨。也不能因为天天如此而看不到新的危险、新的可能、新的变化的契机。

以静止保持平整，保持清醒，保持判断的客观性、全面性、准确性、一贯性；同时也必须敏锐地注视着变化与变化的先兆，有所准备，有所预见，使自己立于不败之地。

“平者，水停之盛也。其可以为法也，内保之而外不荡也。德者，成和之修也。德不形者，物不能离也。”

水，完全停止了运动就可以达到平整的极致。达到了平整，也就可以成为依据、成为法度了，可以保持自己的性能而不受外力激荡。德是一种和谐与完成的状态，体现为万物，万物与德也无法须臾地分离，德即万物，并无自己的形迹。

《德充符》

随时调整适应世界

圣人能够随时调整适应，无心、随机却也能顺应、回应。

用一种平顺无心，即无可无不可的态度对待人生万事，以大道为参照系，寿夭、是非、成败、顺逆、去留的区别似乎不足挂齿。

对于大道、宇宙、永恒与无穷大来说，个体的生命确实是渺小的，然而对于每一个个体来说，有生之年又是重要的，是享受也是奉献，是苦恼也是欢乐，是价值追求也是听其自然。

“圣人遭之而不违，过之而不守。”

圣人遭遇什么情况，并不较劲；而错过了什么事物，也不会留恋。

《知北游》

安于自然的本性

人们常常是让本来安定的东西偏偏不得安定，而又千方百计地让本来就不安定的东西安定下来。

圣人安于自然的本性，而不能安于俗人的盲动；

俗人们常常是随人俯仰，无知盲动，却不安于自然的本分。

“圣人安其所安，不安其所不安。”

圣人让本来安定的东西就此安定下去，让本来就不安定的东西不得安定下去。

《列御寇》

向自然学习

以自然季节表达人的品质的思路与自古就有的天人合一思想是分不开的。

学习修养，说到底最重要的是师法自然，不仅绘画与音乐，人的道德品质状态，也要学自然、学四季、学天地、学日月山川。

"凄然似秋，煖然似春，喜怒通四时，与物有宜而莫知其极。"

像秋天一样凄凉孤傲，又像春天一样亲和温暖。他们的喜怒哀乐与四季相通，与外物、与世界相适应而变化无穷。

《大宗师》

学习自然造化的奥秘，方能教化民人

没事多观察自然造化的种种特点，从中体味大道的三昧，是一种享受。

推广而言，个人的成长，企业的运行，任务的执行，国家的治理，全在于是否能够效法天地自然大道的规律，化己才能化人。

自己心身性命抱德不离，与道合真，才能很好地把握天道运行规律，把握事物发展的时机。

“不与化为人，安能化人！”

没有与自然造化在一起，又怎么能去教化旁人。

《天运》

与天地往来，与世俗相处

独自与天地精神往来，但不藐视万物，不着意于孰是孰非，这样才好与世俗相处。

思想充实而表达无止无休，上与造物者同游，下与超越死生、不分终始的人为友。

想的是阔大与终极，思想与俗鲜谐，他的表达婉转曲折随和亲切，外圆而内方。

不执着于一时一事的是与非，不抬杠，不较劲。

“独与天地精神往来，而不敖倪于万物。不谴是非，以与世俗处。”

独自与天地精神往来，但不藐视万物，不着意于孰是孰非，这样才好与世俗相处。

《天下》

从容面对世界的浮躁

“填填”“颠颠”，即持重和专一。事物的发展与变化，文化的丰富与精微，社会生活视野的无限扩大，生产力与科学技术的日新月异，财富核能爆炸般增长，欲望因其不断实现所产生的无限膨胀，使人们的心态比古人浮躁得多，现代人要更心慌意乱，更顾此失彼，更疲于奔命。

信息爆炸、任务加码、动静失衡、生活混乱的痛苦，值得研究研究、分析分析。

“故至德之世，其行填填，其视颠颠。”

在大德昌盛的时代，人们做事缓慢持重，眼神也都比较专一，不怎么东张西望。

《马蹄》

修炼内心，应对险恶的世界

如果一个人无论是在人众中，还是鬼神中，都能做到光明磊落、坦荡，这之后便能独行而无愧无惧了。

不论是显明之中还是幽闲之中，人为不善，必有后患。

注重个人的心功、修养、境界，提倡以高超的自我修炼与内心功夫应对繁复险恶的大千世界。

“明乎人，明乎鬼者，然后能独行。”

对于人群清白光明，对于鬼神也清白光明，这之后便能独行于世。

《庚桑楚》

能入世，也要能出世

拒绝人间世是容易的，与人间世共舞而不失其尊严与道性的底线就难了。

与人间世共舞而不强求，不炫己，不求名，不求利，不为自己辛辛苦苦地搭桥铺路，出淤泥而不染，这实属不易。

强一己之所思、所欲、所能容易作假，与人间世打交道容易作伪，极易“滑到”虚伪中去，也就丧失了真实真诚。自自然然，听天由命，替天行道，唯天是听，这就真实了。

一个人既要能入世也要能出世，即以出世之心行入世之德之业绩。要在人间世做点好事，起一点好作用，不做坏事恶事，但不要有太多入世之心。

“为人使易以伪，为天使难以伪。”

指人为的事情容易作假，顺乎自然的事情难以作假。

《人间世》

与天地共生

天地的浑然与辽阔也就是你的浑然与辽阔；天地的负载与持重也就是你的负载与持重。同样，天地也有了你的灵性，有了你的感知。

人的灵性、人的喜怒哀乐、人的焦虑与困惑，也来自天地，共振天地，献给天地。

并生就是共生，有了共生就有共舞、共鸣，生命扩张为万物，万物从生命的主体获得生机。

何必叹息天地的恢宏与个人的渺小，叹息万物的永恒与自我的短暂呢？

“天地与我并生，而万物与我为一。”

天地与我共生，宇宙万物与我浑然同为一体。

《齐物论》

尽享自然的恩惠

根性始终如一，真气始终涵养，德行与事功永远融合，与万物、与造化相通相交。

抱元守一，恒常如一，也就减少、延缓了向对立面的转化，与自己的异化、老迈、衰竭。

养护元气真气，调理呼吸内脏，平衡精神状态，避免受伤、自戕，时时保有自身的身心、生理的最佳值。

尽享自然的恩惠，从一切生命，从人群中汲取至乐、至尊、至爱，就是面对大道，面对万物，永远感恩戴德，逍遥快活，平和包容。

“一其性，养其气，合其德。”

根性始终如一，真气始终涵养，德功永远融合。

《达生》

第二章 人生的哲学是什么

人生是鲜活的

足迹，既不是足，也不是能够留下足迹的鞋子。

我们读的书，课程讲义，最多是痕迹，是脚印。而痕迹——脚印是鞋子走出来的，鞋子会走是因为脚在移动，而脚的移动是大活人的意识、欲望、思想或生理状况决定的。

我们研究脚印，也不能忘记脚丫子，不能忘记大活人必然会有的生活、生命、冲动、欲望、意志、决心、性格、理念、信仰、争斗，种种伟大与渺小、英明与愚蠢、热烈与冷漠。

"夫迹，履之所出，而迹岂履哉！"

足迹，是鞋子踏出来的，可是足迹哪里就是鞋子呢？

《天运》

不要患得患失

精神超越大山而无障碍，进入深渊湿地而不沾湿，遭遇贫贱而不萎靡，与天地同在同格，一心奉献别人而自己越发富有。

看看那些蝇营狗苟的丑态，其高低、美丑、贤愚立见。

“吾以其来不可却也，其去不可止也……而无忧色而已矣。”

官职来了，难以推辞，官运去了，无法留住，也就用不着发愁了。

《田子方》

人生要有目标

人很难完全脱离社会、人群、他人，作为绝对孤独的个人活下去很难，进行文化的积累与历史的进步很难。

人活一世，丢弃了最重要的根本，背离了最至上的目标，而去做一些自以为需要做的事，以为那样可以获得长寿、开心、安乐之道，这不是离谱吗?

“惨怛之疾，恬愉之安，不监于体；怵惕之恐，欣欢之喜，不监于心。”

痛苦疾病，安适快乐，不是从身体中自然产生的；恐慌紧张，欢欣鼓舞，不是从心里自然流露的。

《盗跖》

人生之道就是快乐哲学

人愿意的是耳聪目明，器官与心智都畅通无阻，活得明白透彻、通达顺当，同时又保持个性，保护自我。

人们常常会堵塞住自身的孔道。

这是一种深刻的快乐哲学。

“凡道不欲壅，壅则哽。”

大凡道路总不可有所拥堵，拥堵就会出现梗阻。

《外物》

处于黑暗，得见光明

日月星辰似乎都是从黑暗中升起来的，而不是自来悬挂在光天之上的。

人的精神体验也是如此，只有冥冥中才能产生智慧之光的照耀，无奈中才能产生光辉的选择。

无门无房无崖无方，正是这一切空间结构与特征皆无，成就了它的无为而无不为，无能而无不能，无形而无不形。

"夫昭昭生于冥冥，有伦生于无形。"

清清楚楚的东西是从幽幽冥冥中产生出来的，有次序有规律的东西则产生于混沌无形。

《知北游》

一切为了目标

捕鱼者得了鱼，应该扔掉鱼篓子。

得了鱼再留鱼篓子便属多余，废鱼篓子只能促使鱼更快地腐烂。

得了目标，最好忘记手段、工具或猎物的某个部分。

目标、手段、组成的部分，也有可能异化与闹腾起来。

“筌者所以在鱼，得鱼而忘筌。”

捕鱼者的目的在鱼，得到了鱼就忘了鱼篓。

《外物》

人生不要太烦琐

同样是踩一个脚，也分三六九等，这又有什么好的呢？不管是对外还是对内，都得遵循道德规范。

人生不要搞得太烦琐，价值不要定得太细密，礼法不要搞得太严格，关系不要推敲得太清晰。

"蹍市人之足，则辞以放骜，兄则以妪，大亲则已矣。"

踩了路人的脚，要赶紧道歉赔小心；兄弟间踩了脚，只要心疼并安慰关心一下就罢了；父母踩了子女的脚或子女踩了父母的脚，也就算了。

《庚桑楚》

端正自己的目的

为了得到好处而做事，结交友朋拉关系，为了向他人炫耀而学习，为了显摆自己而教授，而不是为了长自己的见识而学习，为了开导教化他人而教授，这些都是不可取的。

“无财谓之贫，学而不能行谓之病。”

没有钱只能叫贫穷，学到了东西却不去实行，学用两分家这才叫毛病。

《让王》

守住自己的根

不要对自身估计过高，要寻找师法源头——大道。

人们常常做的是逆其道、悖其理、毁其源、堵其终、损其益、益其损、截其长、续其短、用其求其所不能、废其灭其所能。

万物都有根本，人要懂得呵护、依靠根本。

“故水之守土也审，影之守人也审，物之守物也审。”

水会小心翼翼地保存泥土，影子会小心翼翼地跟随人体，一件事物会小心翼翼地保护着另一件事物。

《徐无鬼》

守住真气

拒绝各种表面的、包含许多误差的感觉的干扰，甩开浅层思维与廉价成见，抛掉内心的喜怒哀乐、欲望恐惧。

忘记你的思虑见解，即成心成见，包括周围的集体无意识，就只剩下一股若有若无、虚无缥缈、集合纯正的气，就凭借这股气，守住这股气，应对诸事，走遍天下，战胜自己，不惧任何危难纷繁。

“无听之以耳而听之以心，无听之以心而听之以气。”

做到一心一念，聚精会神，绝无杂念，破除一己，超越感官，不是用耳朵听取外界的信息，而是用心去谛听，然后不再用心谛听，而是用气接受感应。

《人间世》

找到自己的动力源

河水靠源头小溪的不断汇聚才抵消了河水损失。

风与太阳都消耗着水流，但是水流无减，因为它有源头的不断补充。

万物各有其道，各有其理，各有其源，各有其终，各有其益，各有其损。

物壮则老，月盈则亏，水满自溢，这样的例子举不胜举，而人们自取灭亡的蠢劲儿照旧。损害你的力量从未停止，你怎么能忘记汲汲于那源头的活水呢？

“而河以为未始其撄也，恃源而往者也。”

河水未受到风吹日晒的影响，那是靠河水源头小溪的不断汇聚才抵消了河水损失的缘故。

《徐无鬼》

别成为自己的敌人

把个人看得过重，心存担忧惧怕，所谓私心杂念，所谓负担包袱，所谓缩手缩脚放不开。

人不可成为自己的敌人，人切不可想东想西，自我干扰，自生魔障，自我惊吓。

必须有举重若轻的气度，有如履平地的自然，有不在话下的轻松愉快。

“凡外重者内拙。”

外物看得过重，思想包袱一重，内里就变得拙笨失常。

《达生》

超越常情，不受伤害

能够超越人之常情，超越一般俗人的欲望心、争夺心、计谋心、利益心，而与天道，与大自然合而为一。道给了面貌，天给了形体，不必因主观好恶、喜怒哀乐而使内心受伤。

无情是不因一己的主观好恶而使自己内心受伤害，不因个人的好恶喜怒而伤身，一切自然而然，不必人为地增加麻烦。

无情，就是不要因个人的好恶来内伤其身，有了或者过于注意自身的好恶，对自己、对本性会造成伤害。

“有人之形，无人之情。有人之形，故群于人；无人之情，故是非不得于身。”

有人的外形，却没有人的感情。有人的外形，所以可以与人合群；没有人的感情，所以可以不招惹是非上身。

《德充符》

忘掉自作多情

人是有形的，道是无形的，无形意味着高度的概括与抽象，而人们常常缺少这样的概括力、想象力、领悟力，能将具体的东西看成抽象，能从抽象的东西中看出具体、看出生活、觉察出现实的人，就算得道了。

忘掉自身的核心，是将人事、人心、人情、人欲减少到最低限度。一个人连自身的动静、生死、兴灭都搞不清，他也不能做成什么事。

忘掉了自己，就能入于天，就能与天地相通了。

“忘乎物，忘乎天，其名为忘己。忘己之人，是之谓入于天。”

忘掉外物，忘掉天地，这从根本上说叫忘己。忘掉自己的人，也就可以说是与天地融为一体了。

《天地》

忘我，无敌于天下

巨大的满足带来巨大的向往、崇敬、依恋、献身趋向与对一切的忘却、忽略。

在虚空、无为、无心、无意、绝对自然的状态下的忘却，是对于巅峰与献身的拒绝，是槁木死灰式的丧我，是冷如冰雪的坐忘，甚至是冷如冰雪中的自得其乐。

这是一个内心功夫，是一个处变不惊、不受任何干扰伤害的无敌于天下的内功，是个人修养的极致。

“今者吾丧我，汝知之乎？”

今天我把自己丢失了，你知道吗？

《齐物论》

用平常心对待胜负

通达了就不必太过用心，大而化之，以平常、平庸之心对待也就行了。能存在就是有用，这有点黑格尔说的存在的就是合理的意味，也是合理的就会存在的意思。

能平平常常地对待胜负、成败、分合、用废，也就能正确地处理回应各种变化了，也就能通达无碍，不自寻烦恼，不自找麻烦了。而能做到如此，也就有所得了。自然而然地做到了通达，无心无意中做到了通达才是大道的体现。

“庸也者，用也；用也者，通也；通也者，得也。”

平平常常的事物得以存在，能存在也就是有了用；有了用也就是能通晓了、讲得通了；能通晓、能讲通也就有所获得。

《齐物论》

把要求降到没有

降低自身的要求以至于无。

以小巧的鸟儿与地里的老鼠的姿态，摆脱俗世名利权位、是非功过的羁绊。

求得一己的逍遥与自由。

以退为进，以屈求伸，以侏儒的姿态求大道。

“鹪鹩巢于深林，不过一枝；偃鼠饮河，不过满腹。”

鹪鹩在深深的林子里筑巢，林子再大，也不过是占了其中的一根枝条；偃鼠到黄河里饮水，黄河再大，也只不过是灌满自己的肚子。

《逍遥游》

一切成就都是无为的结果

好处是说也没得可说，让万物自然而然，高高兴兴。无为而治，无言而教，不求被人了解，不写功劳簿，悠闲自在，轻松愉快。

自古国人喜欢大言、伟言、高论。真正的成就、真正的本领是无法命名无法言说的。

教化、养育、培植、恩泽万物而不自以为是，不居功自傲。功盖天下而不以为意，不以为荣，不以为本钱，根本没有往心里去。

要认为一切成就都不是有为的结果而恰恰是无为——任其自然的结果，是大道不受阻碍地运转的成绩。

"有莫举名，使物自喜。"

好处是说也没得可说，让万物自然而然，高高兴兴。

《应帝王》

立于不败之地

看明白什么样安全，什么样危险，在祸福侵扰中稳住阵脚，准确地决定去留，也就没有什么力量能够损害他了。

“知道者必达于理，达于理者必明于权，明于权者不以物害己。”

知道了道，就明白了规律；明白了规律，也就明白了如何权衡；明白了如何权衡，也就不会让自己受到外物的侵害。

《秋水》

不依赖，就不畏惧

这叫作唯道唯一，不需要狐假虎威，不需要虚名头衔，不需要势利背景，不需要借光造势，不需要包装炒作。

无须假借的结果是无惧物议，无惧天下人皆非之，也无求天下人皆誉之。这不就是超然物外，翩然无迹了吗？

应对外物的攻伐即外界的不怀好意的恶劣运作，没有比自己的超越与通畅更有力的了。

“审乎无假而不与利迁。”

不需要借助依靠什么为自己谋利，自己就是自己。

《天道》

忘记杂念，集中精力

人如果有了固定的志向，就不会分散自己的专注，他的精神也就凝聚在一起了。

精神要集中，注意力要集中，行事要集中。

但是过分地集中精力，不免有些刻意为之的味道，似乎与坐忘的诀窍不相一致。

由于坐忘了一切杂念，才达到了精力的空前集中。

“用志不分，乃凝于神。”

注意力不分散，就聚精会神了。

《达生》

有些事，不必做

细琢磨起来，任何一种“为”，对于不同的追求来说正好是一种“无为”。不论是谁，此生有限，总要有所为、有所不为、有所无为。

为乎无为，无为乎为，为此乎无为彼，为彼乎无为此，全无为乎则为其全无为，全部献身投入有为乎则全无逍遥齐物养生之为，或称之为无为。即使作为概念与逻辑游戏也令人击节称道，妙哉有为与无为！

“夫虚静、恬淡、寂漠、无为者，天地之平而道德之至。”

虚静、恬淡、寂寞、无为，这些都是天地的准则，道德的极致。

《天道》

有些无用，也有大用

不可自以为有用，不可抱怀才不遇之恶俗心态。

如果以等待伯乐的千里马自居，弄不好等来的只是屠马人。

有用之用，皆是祸事，皆是自戕，无用之用才得平安。

揣着明白装糊涂，佯狂佯愚，邦无道则愚，大智若愚，愚人自有愚人福。

“人皆知有用之用，而莫知无用之用也。”

“无用之用”非无用，它有它自己的用处，只是人们一般没认识到而已。

《人间世》

站得高一点，想得透一点

站得高一点，想得透一点，有利于去掉许多无谓之争、抽象之争、烦琐之争。

朝三暮四与朝四暮三之争，着实可笑与可悲。

“名实未亏而喜怒为用。”

数量、名分、实惠，都没有任何区别，但喜悦愤怒的心情不一样。

《齐物论》

放弃成心、成见

人们其实是各有自己的意见、成见、偏见。

谁都拿着自己的成心——成见当依据，当标准作判断，谁能没有任何成心、成见呢?

未经过充分的调查研究与思考而已经判断了是非，是颠倒了过程。

“夫随其成心而师之，谁独且无师乎？”

人皆有其自己的成见，并且以各自成见为标准，去观察、认识、判断周围事物，有一个不是用自己成见作为衡量标准的吗?

《齐物论》

务实才能办事

不管多么好的东西，符合实际情况才可能是有效的，而如果不符合实际，则必定是无效的，即不能通过实践的检验。

办事必须符合客观规律，否则就会导致失败；也可借以说明用人必须扬长避短，不能强人所难。

“以舟之可行于水也，而求推之于陆，则没世不行寻常。”

舟船在水面上走得成功，推广到陆地上应用，一辈子也走不出去几尺。

《天运》

做事要从客观实际出发

理念法度随着外物流传变异，无尽无休，并无准谱、准稿子。

事物是变化发展的，要因地制宜，因时而异。做事情要从客观实际出发。做任何事情都一样，不能生搬硬套别人的经验。

同样的一套设备、观念、礼义、法度，过了期就不能用了，无效了，就不能引入、指导实践了。

“彼未知夫无方之传，应物而不穷者也。”

没有固定的既成格式来规范流传，一切应随世界而变化无穷。

《天运》

从实际出发

各人的需要与认识程度是不同的，帽子再好，对于不识货、不懂得帽子的好处的人来说，完全无用。

宋人知道个人要戴帽子，就以为普天下到处等着他的帽子。

“宋人资章甫而适诸越，越人断发文身，无所用之。”

宋国人做好了礼帽到越国贩卖，而越国人不留头发，喜欢文身，没有戴帽子的习惯，宋国的帽子在越国派不上用场。

《逍遥游》

既要静，也要动

人的生活与精神世界一样，要做到清纯精粹而不会杂乱，要做到静安专一而不会东变西变——老是踏实不下来，要恬淡。

既要静，又要流动，不可郁闭，最大限度地追求稳定与平安，减少欲望与焦虑。

听其自然，导其自然自动，不必硬性较劲。

“水之性，不杂则清，莫动则平。”

水的特性是，只要没有杂质就自然是清纯的，只要不去搅动它就必然是平匀的。

《刻意》

理性地静，创新地动

中国的哲学强调恬静，直观地从水的反射作用上看到静的优越性。

以静追求理性化，追求长远眼光，追求心理的最大健康与稳定，“非淡泊无以明志，非宁静无以致远”。

但同时也不能忽略与时俱进、与时俱化、不断发展、不断创新的一面。流水不腐，户枢不蠹，只有不停地运动才能合乎大道，避免堕落、腐烂、危亡。

“圣人之心静乎！天地之鉴也，万物之镜也。”

圣人之心是宁静的，它们能映鉴天地，照应万物。

《天道》

顺势而动，要有目的

一些看起来不可思议的事，做到了熟悉、习惯、成性与顺其自然的人却可以完全胜任。

很多情况下，一件事的完成与否，关键在于心理，在于认识，在于胆量，在于反应度。

顺势而动，顺其自然，对的，但是你的动是有方向的，你的顺是有目的的。

“始乎故，长乎性，成乎命。”

起初不过是故常熟悉，后来是习惯成性，能完成在于听其自然。

《达生》

抓住问题的关键

要分得清根本、根柢与末节、终端，根本的地位与重要性在上，末梢的地位与重要性在下。

这是中国式的本质主义、整体主义、轻视细节、轻视具体的思维方式，重虚轻实，重大轻小，重头轻尾。主要矛盾解决了，次要矛盾便迎刃而解。

但也不能忽视细节决定成败，要辩证地看待古人的本末之辨。

“本在于上，末在于下。”

根本为主，枝节为次。

《天道》

善于分化困难

从表面来看，牛是没有间隙可以下刀的，是庞然大物，是无懈可击的对手、对象。

超越了对于解牛的形而下、感官反射的阶段，进入了以神遇而不以目视的阶段，举重若轻，游刃有余，迎刃而解。

要将敌手视为可以分割，而本身是完整的，是全神贯注的。

天下本无难事，看你会不会。

“始臣之解牛之时，所见无非全牛者。三年之后，未尝见全牛也。”

最开始我解牛的时候，见的都是一整头牛。三年后，就没见过一整头牛了。

《养生主》

突破局限

由于各种客观条件的限制，难免出现这样或那样的认知偏差。

偏见太深就容易固执己见，排斥更高的更深的大道理。

要懂得取长补短，善于聆听他人的智慧，不要囿于自己周遭的环境。

“井蛙不可以语于海者，拘于虚也；夏虫不可以语于冰者，笃于时也。”

井底之蛙，不可能与它谈论大海，它是受到了空间的限制；夏天的昆虫，不可以与它们谈论冻冰，它们受到时间的局限。

《秋水》

过最简单的生活

大道是最简单的，人的生活与思虑也应该是最简单的。

要警惕知识智能的繁复化、延伸化与巧伪化，回归到朴素纯正的原始状态、山清水秀的状态。

旧国旧都就是一种情感的寄托，率真而无掩饰。

“旧国旧都，望之畅然。虽使丘陵草木之缗，入之者十九，犹之畅然。”

故国故乡，人们一眼看过去就十分舒畅；即使丘陵土地被草木掩盖了十之八九，显得面目不清，看着它心里还是十分畅快。

《则阳》

第三章　做一个真人

认识你自己

目明，不是指能够看得清外物与万象，而恰恰是指能够认识你自己，看见你自己。

看不见自身只看得到外物的人，只羡慕别人而不能自我欣悦的人，是不知道自己应该珍惜属于自己的一切，不懂得自身的内在需要的。

不按自身的性情、自身的需要、自然的趋势办事，而是按他人的忽悠、他人的规范、他人的诱引行事，于是出现了过分清高、过分卑下、不近情理。

“吾所谓明者，非谓其见彼也，自见而已矣。”

我所希望的目明，不是指能够看得清外物与万象，而恰恰是指能够认识你自己，看见你自己。

《骈拇》

认清自己不容易

我们无可避免地与自己保持陌生，我们不明白自己，我们搞不清楚自己，我们的永恒判词是：离每个人最远的，就是他自己。

灵台（心灵）的特点是有所警戒却不确切知道警戒线划在何处。你只能遇到什么去处理什么，叫作相机对待、相应处理。

“灵台者有持，而不知其所持，而不可持者也。”

在灵台那里，你会有所持守，并不是确切地知道一定要把握遵循什么，也就不可能处心积虑地去把守什么。

《庚桑楚》

勇于前进与超越

要勇于否定自身，需要学习长进。

某个时候，某些问题上，好高骛远，胡作非为，自找失败；另一个时候，另一些问题上，却抱残守缺，讳疾忌医，打肿脸充胖子，使自己一错再错，坐失良机。

“天下皆知求其所不知，而莫知求其所已知者；皆知非其所不善，而莫知非其所已善者。”

天下人都知道追求他们不知道的东西，而不知道从已经知道的道理知识中寻找做事的指导；都知道否定他们所不喜欢的东西，却不知道否定与超越他们已经接受的。

《胠箧》

只认一个大道理

内存的省视，是忘记客观世界，忘记对象，绝不兴奋，绝不张扬，绝不显摆。

世界上有两种愚，一种是弱智，一种是大智若愚。对于愚的解释包括了更多的积极正面的东西，如返璞归真，如说一不二等。

抱元守一，精神向一处拢，注意向一处聚，心智只认一个大道理，不会闹心也不会置气，以一抵御杂、多、邪及贪欲之类的各种非道性侵扰。

“不以故自持，媒媒晦晦，无心而不可与谋。”

不因为任何缘故任何事情而装腔作势、有所矜持，混混沌沌，昏昏暗暗，没有任何心计，谁也不可能与之共谋。

《知北游》

大道无所不在，一通百通

太冲，一种太虚之气、之境、之神，这种气、境、神无所泄露，无有征兆，无可察觉。懂得调控这种气，也就懂得自我控制、自我引导的机制与功夫了。

仁义道德是最高标准，是价值观念，但也有可能变得矫情和闹心，有可能引发竞争和不平。

大道是无所不在无所不包的，通了大道就会一通百通，一明百明。

“太冲莫胜。”

太冲之气不可胜。

《应帝王》

认识自己的渺小

大知、大年者，鲲而鹏者，也常常不理解具体而微的、不被人重视，而且常常被污辱与被损害的小知、小年的关切与忧虑、艰难与辛酸。

鲲鹏的存在对于朝菌蟪蛄等是一个压迫，是对于朝菌蟪蛄的渺小的一个提醒。

“朝菌不知晦朔，蟪蛄不知春秋。”

早晨生长的蘑菇不知道阴晴与朔望；寒蝉不知道春与秋，它只能活一个夏季（也要好好地活）。

《逍遥游》

迷恋自己害死猫

把自己的理念看得过于崇高伟大而膨胀无度；太过爱恋自己、太过顾影自怜而增加了哀伤或惹来了不幸。

一个人，尤其是知识分子、精英等人，很容易把自己的理念看得过高过伟，弄得一口浊气堵在那里，白白要了自己的命。他们也很容易自恋自怜，闹得酸酸楚楚、悲观颓废，怨天尤人不已。

“广己而造大也，爱己而造哀也。”

把自己看得过于崇高伟大就会膨胀无度；太过爱恋自己就会增加哀伤。

《山木》

渺小的人做渺小的事

风之积累恰如同水之积累。要厚、要多、要满足数量的要求，才能承载大翅膀大鹏鸟。

用意不在于自然界的规律的科学性，而在于每一种自然现象都与大道相通，在于自然的道性。

如果只够浮一个芥子或芥草，却要做出不可一世的真理化身的姿态，虽然多方表演，作文化状，其实徒增笑柄罢了。

“风之积也不厚，则其负大翼也无力。”

“水之积也不厚，则其负大舟也无力。”

风累积得不够，那么它承载大翅膀也没有力量。

如果水不够深，那它就承载不了大船的重量。

《逍遥游》

成为一个真人

不忘记自己是怎么来的——是从无处来，从大自然中生出来的，也不追求一定要如何如何终结自己的生命。

对待人生诸变抱一个潇洒的态度。不因生而过分喜悦，不因死而过分悲伤。不因出生而欣然，不因入死而拒绝。潇潇洒洒地来了，又潇潇洒洒地离开。

不因心有所爱憎，而罔顾、捐弃、损害大道，也不因己有所知就自命顺天助天，其实是干扰天道。

这是理想的境界，也是最最纯真的境界，是人的本来面貌，这样才叫作真人。真人者，没有受到人间的种种伪劣之风习影响、合乎本性、发乎内心、天真无邪之人也。

“不忘其所始，不求其所终。”

不忘记自己是怎么来的，也不追求一定要如何终结完成自己的生命。

《大宗师》

先做你自己

人常常做不到上天赋予自身的全部性能。人不但会暴殄天物，更会暴殄自身。

要做“全人”，既通天道，又精人事，就先做你自己。

“唯虫能虫，唯虫能天。”

唯独虫子，能够做到天赋予虫子的一切性能。

《庚桑楚》

用心若镜，去留随意

至人之心若镜，强调的是人的非主体性、被动性、适应性、非积淀性。

谁来照镜子，与镜子的意图无关，既不需要欢迎，也不需要引领，也大可不必驱逐，照完就走，不隐讳，无所谓，来则映，去则删。

不因来照镜子的人太多而造成镜子的或映照物的疲劳伤害，也不因来照的人太少而耐不住寂寞悲凉。

承载一切外物的作用而不受伤害，镜子永远会胜任愉快。

“至人之用心若镜，不将不迎，应而不藏，故能胜物而不伤。”

至人之心若镜，既不需要欢迎，也不需要引领，更不需收藏，不因来照镜子的人太多而造成镜子的或映照物的疲劳伤害。

《应帝王》

不要追求伟大

一心伟大的人未必能成就伟大，何况是表露在外的修养德行的外观与表现。

完备的伟大，谁也比不上天地；然而天地不曾追求过伟大，却已是完备的伟大。

伟大贤良不是自诩的，也不是自己想求就能求得的，不要被纷扰的世象所迷惑。

“狗不以善吠为良，人不以善言为贤。”

狗不会因为善于汪汪叫便被认可是好狗，人不会因为善于辞令便被认可是贤能。

《徐无鬼》

谦虚使你心灵开阔

世界、天地、宇宙，也是有自己的开始和发展、结束与灭亡、过程与变化的，但是与人比较起来，它们接近于无穷。

通过对于世界、天地、大道的宏伟与长久的体验与服膺，降低人生诸烦恼的意义，于是能够藐视小我，更藐视俗人、俗世、俗争、俗利，于是能够有所超越，有所升华。

“吾在于天地之间，犹小石小木之在大山也，方存乎见少，又奚以自多！”

在天地之间，我就像一块小石头、一棵小树在一座大山上一样，本来是微不足道的，又怎么可以自命不凡呢！

《秋水》

放任自然，不争论

名是次生的东西，实才是根本，才是原生的存在。

俗人最常用的办法，就是给自己不喜欢的东西起一个恶名，而至人真人，根本不拿名不名当一回事。

这种态度就是放任自然，宠辱无惊，不存世俗的巧智之心。

“昔者子呼我牛也而谓之牛，呼我马也而谓之马。”

你叫我牛，我就是牛，叫我马，我就是马。（我从不在意他人的命名。）

《天道》

追随规律，不盘算

摒弃智谋，去除一己，而追随着不依主观意志为转移的客观规律，听任于外物。

不搞什么苦思冥想、智巧谋虑，也不前怕狼后怕虎，才能巍然独立。有推动，然后前行，有拖拽，然后前往。

“夫无知之物，无建己之患，无用知之累，动静不离于理，是以终身无誉。”

做到没有知觉智谋了，也就不会有构建经营自身的麻烦，也不会有运用智谋的牵累，动静合乎自然的节奏，终生不会被毁誉议论。

《天下》

控制人心的折腾

人心不易安宁，人心不易清静。人心可刚可柔，可热可冷，可高可低，可静可动。人心实在伟大，人心也实在能折腾。

人心常在一上一下中煎熬，人的心灵、人的精神能力是人的骄傲，也是人生诸苦的一个重要来源。

因为人心不但能反映现实，而且能预想未来、念及过往，也能够放大、加剧乃至制造人的焦虑与煎熬。

“偾骄而不可系者，其唯人心乎！”

动荡骄纵，难以约束控制的就是人心。

《在宥》

困惑是永远的

既然有了以其人之道还治其人之身，就必然会有以自己之道还治自己之身。既然有可能自己为他人作嫁衣裳，也就有可能他人为自己作嫁衣裳。

争夺是永远的，封锁加固之法之道也是永远的，为谁辛苦为谁忙的困惑也是永远的——位置却是变来变去的。

"世俗之所谓至知者，有不为大盗积者乎？"

世俗所谓绝顶聪明的人，有谁不是为大盗积累财富的呢？

《胠箧》

无心，无意

人的意识、心计，给人带来了聪慧，也带来了烦恼、焦虑、惊惧，以及各种狼狈折磨、自我摧残。

推崇的乃是无心，是听任自然，是无意，不设防，是不要自寻苦恼，自取灭亡，自找不素净。

“夫醉者之坠车，虽疾不死。”

喝醉了的人从车上掉下来，虽然坠落得急促，却一般摔不死。

《达生》

坚定本性，战胜迷惑

惑与性的关系，可能惑大而易性（变化心性），可能惑小而易方（变化取向）。

性如果是单向的，铁一样坚强的，不可更易的，就不用怕惑；性如果本身就包含着惑的因子，性与惑也正如灵与肉、理与欲、善与恶、真与伪一样，注定了会交织在一起，共舞共鸣，造就出奇妙的、令人困惑的也是绚烂的人生乐章。

“夫小惑易方，大惑易性。”

小的无知或荒谬会影响一个人的取向立场，大的无知或荒谬会改变一个人的本性。

《骈拇》

当一个明白人

选择那个离心力与加速度等于零的圆心，作为立足点。尽可能地与各个点保持等距离，就可以应对无穷的是与非了。

面对无穷的自称是真理的言说、著作、经典，又面对无穷的被批判、被指责、被宣称超越的谬论荒唐以及被称作的虚伪、欺骗与邪恶，千万莫要卷进去陷进去。

要当一个明白人，要保持清醒，心如雪亮，不要上当，要正确地明智地对待不同的观点与山头。要看得透亮一些再透亮一些，要想得开阔一些再开阔一些。

“得其环中，以应无穷。”

抓住了关键，就能应对无穷的变化。

《齐物论》

不被潮流所掌握

人们一般要靠众人的所知所闻来求得一己的安心，仅仅一个人的所知所闻，他的本事可就大大地不如众人。

把一个人的成就感以及安身立命与否的判定寄托在他人的认同上，这本身就已经丧失了自己的主体性，实际上是在丧失自我，掌握威权的结果，是自己首先被威权，被一时的多数，被潮流所掌握。

“世俗之人，皆喜人之同乎己，而恶人之异于己也。”

世上的俗人，都喜欢别人与自己意见相同，不喜欢与自己意见不同的人。

《在宥》

不被世俗所累

知道满足并适可而止——他们要表白的正是这样的心愿，这也是属于古代道术的一种主张。

“不累于俗，不饰于物，不苟于人，不忮于众。”

不让世俗拖累住自身的明智与决断，不需外物来矫饰，不苟求于人，不与众人较劲为敌。

《天下》

做你自己

一个人要做他自己：举世夸赞，不足喜；举世反对，不足忧。

一般人很难做到这一步，谁能完全不受外物的影响？

从俗的说法则是“岂能尽如人意？但求无愧我心”，这就算是降格以求的中庸之道了。

“举世而誉之而不加劝，举世而非之而不加沮。”

举世夸奖他，举世非议他，他都不放在眼里。

《逍遥游》

修养身心，心平气和

认真修养你的身心，谨慎地保持你的真实，让物与人都回到原生状态，那么也就没有什么拘系和累赘了。

人应该还其真，还其本。与人为善，谦和礼让，才能减少敌意。

适可而止，知足常乐，返璞归真，洁身自好，清正廉明，才能心平气和。

"谨修而身，谨守其真，还以物与人，则无所累矣。"

认真修养你的身心，谨慎地保持你的真实，让物与人都回到原生状态，就没有拘系和累赘了。

《渔父》

珍重自己的本性

不能自然而然地行为，忧虑的是别人怎么做怎么看；不知道珍重自身的真情本性，只知道平庸地跟着流俗走。

因此总是这儿不对那儿缺陷，怎么处世也弄不完善。

“法天贵真，不拘于俗。”

效法自然，看重真心实意，不被世俗所拘迫。

《渔父》

依靠本性做判断

保持无机诈巧智的状态，也就不会脱离至德、大德、玄德；保持无欲的状态，也就会处于朴素、质朴、纯正的情况中。能够素朴，也就能使天性得到发挥满足，永葆无瑕的天性。

仁义的说教有时会变得虚伪空洞，残害性灵，会成为迫害他人、攻击他人的旗号。各种制作，不是没有可能变成造作，变成对于材料的浪费毁弃。

人做各种事情，本来靠自己的本性与良知就可以做出判断，何者可为何者不可为；加上仁义之论，加上概念崇拜、概念统制，反而使疑义增加。

“同乎无知，其德不离；同乎无欲，是谓素朴。”

保持无机诈巧智的状态，也就不会脱离德；保持无欲的状态，也就会处于朴素。

《马蹄》

忘掉心机心计心事

注重培养发展自己志向的人会忘记自己的形体；

注重保护与滋养自己形体的人会忘记自己的蝇头小利。

而一心求大道的人呢，就干脆彻底忘掉自己的心机、心计、心事。

中国人有重精神享受、精神品格、精神境界的传统，但现在，一些短平快的一时获利者，浮躁到了极点，也猖狂到了极点，这是不得道的结果。

“故养志者忘形，养形者忘利，致道者忘心矣。”

养志的人忘了形骸，养形的人忘了利禄，求道的人忘了心机。

《让王》

不为得失损害天性

不要为了人为的某种追求，为了某种非天然的说法与讲究，而残害自己的性命。

人乃万物之灵，人可能有些地方比万物都聪明，但人又似乎是万物之昏愚偏执之首，傻起来比万物都糊涂。

不要为了小小的得失计较，为了根本不足挂齿的利益而丢丑、失态、违法。

“无以人灭天，无以故灭命，无以得殉名。”

不要因了人意人事而毁掉天然，不要因了人为的原因而毁坏天命，不要为了小有所得而牺牲掉自己的名誉名声。

《秋水》

时时回头，不忘初心

时间与人际关系的恶化、复杂化有关联。

由于人性的弱点直至险恶，所以说人做点好事并不难，一辈子做好事就不容易了。

允许实事求是地、有学理地、理性地、时不时地来一个回头看。

“其作始也简，其将毕也必巨。”

万事起头的时候往往比较简明单纯，发展着发展着，就复杂化、严重化了。

《人间世》

让自己站得住脚

要想立人，先得自己站得住脚。至人，做人到位的人，必须本身立于不败之地。

如果连自身的脚跟都立不牢，如果自身还做不到充实、稳定、有信心、有把握，还何谈为其他人操心呢？

只管自身不管社会、国家、群体，是缺少集体主义、公民意识与社会责任。

正常情况下，一个公民管好自己的身心健康、言行规范，维护权益，遵纪守法，道德自律，恪尽职守，敬业乐群……乃是对社会、对亲属、对朋友以及对国家的很大贡献。

"古之至人，先存诸己而后存诸人。"

古代的那些人，一般是自己日臻成熟，让自己的道德修养方面有建树方才去扶助他人。

《人间世》

不能胜己，就顺着自己

不要自我斗争太苦，不能胜己，就顺着自己。

重视了生命，就会看轻那些身外的利禄。

身在江海就在江海吧，你身在蓬蒿就顺应在蓬蒿吧，安时顺命。

“不能自胜而强不从者，此之谓重伤。”

战胜不了自身，又不能顺从自身，那就叫严重的自我伤害。

《让王》

给自己留下空间

富贵荣华名利威权，这可能成为人的异己的灾难性的力量。酒色财气意理，何尝不会异化而成为人自身的敌对一方？

关键在于不要因了私利私欲而偏颇执拗，要以静制动、以柔克刚、以不变应万变。

给自己留下空间，反对自满、背包袱、先入为主、抱残守缺。

“正则静，静则明，明则虚，虚则无为而无不为也。”

内心端正就走向平静，平静了就会明洁，明洁了就会虚旷阔大，虚旷阔大了就能够无为而无所不为。

《庚桑楚》

创造自己的适宜体量

不要搞得生活那样笨重艰难，增加点随和与适应、灵活与方便。善于创造适合自己的生活环境，不要局限了自己。

“寻常之沟，巨鱼无所还其体，而鲵鳅为之制；步仞之丘陵，巨兽无所隐其躯，而蘖狐为之祥。”

平常的水沟里，大鱼没有办法掉转它们的身躯，可是小小的泥鳅小鱼之类却能转动自如；

低小的山丘土堆，大的野兽没有办法隐蔽它们的身体，可是妖狐却正好得其所哉。

《庚桑楚》

在对的时间，做对的事

鱼失去正常的生活环境，没有安身之处，眼下它能得到半斗一升不多的水就能活下去，但是要引过西江之水来救它，就是远水不解近渴了。

这是对一切书本、一切教条的嘲讽，靠翻书永远解决不了涸泽之鱼的需求。

关键时刻，一升一斗的水的作用胜过了一条大江。之所以“涓滴之恩，当以涌泉相报”，因为涓滴是在最最干渴的时候所给予的。空谈许诺，好高骛远，拖延时机，失之毫厘，差之千里。

“吾得斗升之水然活耳。”

我只需要得到半斗一升不多的水就能活下去。

《外物》

超拔的人格创造奇迹

对于奇迹的向往，着眼点不是邪教式或特殊功能式、练功式的奇迹，而是“真人”的超拔。

这是指人格，指意志，指操守，指坚定与自信，也指智慧与经验。

“不逆寡”就是顺其自然，一切不贪求。

“不雄成”，得道的人不觉得自己了不起，一切的成功都是自然，他没有觉得成功与失败。

“不谟士”，“谟”就是谋，打主意。我们所有的人都打主意，想办法赚钱，想办法找门路，乃至想办法学道，想办法拜佛，多拜一下我的罪业就少一点，都是自己欺骗自己。

“古之真人，不逆寡，不雄成，不谟士。”

得道的人，不因处于少数地位而别扭，不因成就而牛气冲天，不用计谋不斗心眼儿。

《大宗师》

活出生命的质量

一个得道之人，应该能够好好地活，好自为之地活，尽可能有质量地活，也要好好地死，好自为之地死，尽可能有质量地死。活要活得逍遥、自然，死也要死得豁达、美丽。

人的一切，生命、灵感、悲喜、才华、文章、寿夭、通蹇等全部来自大自然。形体、生活、衰老与死亡都是大自然、世界和宇宙的事，都是大道的下载与驱动，都体现着无限宏伟神妙美好崇高又带几分令人敬畏的庄严与玄秘。

“夫大块载我以形，劳我以生，佚我以老，息我以死。故善吾生者，乃所以善吾死也。”

大自然给了我形体与生命，用辛劳的工作充实了我的人生，直到逐渐衰老才给了我安逸的可能与正当性，然后，以死亡送来了我的安息。所以说，好好地生活的人，正因为喜爱生活，也就应该好好地死亡——善待生命，也善待死亡。

《大宗师》

活出境界，活出风度

不挑三拣四，不趋长避短；不因为外物的变化而变化，不因为外物的利害而决定取舍。

心如古井无波，面若枯木无（表）情。

这就叫超越，叫高蹈，叫通透，叫境界。

“圣人不从事于务，不就利，不违害，不喜求，不缘道，无谓有谓，有谓无谓，而游乎尘垢之外。”

圣人不忙于事务，不追求利益，不躲避灾害，不稀罕喜乐，不高攀大道，从无中他能看到有，从有中他能看到无。明明是无，他偏要说是有，明明是有，他偏偏要说是无，还有，有话要说却不一定说，没话可说也不做清高寂寞状。他好像生活在尘世之外。

《齐物论》

人生境界的九个阶梯

一年后开始返璞归真，两年后开始顺从命运与外界，三年后豁然通畅，四年后成为万物之一，五年后得到了人气与物象的归附，六年后得到超人间、超此岸的体悟，如入鬼神之境，七年后诸事天然成就，毋劳心力，八年后不再介意生死之辨，九年后便达到了大妙的境界。

把个人境界的阶段提高与光阴的逝去联系起来，年有所长，令人欣慰。

“一年而野，二年而从，三年而通，四年而物，五年而来，六年而鬼入，七年而天成，八年而不知死不知生，九年而大妙。”

一年后就变得淳朴，两年后就顺从世俗，三年后变得豁达，四年后可以与万物混同，五年后神情自得，六年后能够醒悟，七年后能融于自然，八年后就忘却生死，九年后就达到了玄妙的境界。

《寓言》

天然才是美

漂亮、圣贤，在某种意义上不但是事实，同时是、有时是、更加是语言的产物。

一个美女，让人喜悦，然而这种喜悦，不论对于本人还是对于他人，都还是朦胧的，是最质朴最靠得住的，美女永远会留下美好的印象与反应。

有了人为的、炒作的、名不可能绝对符实的可能，美与圣变成了炒作，变成了处心积虑。

“生而美者，人与之鉴，不告则不知其美于人也。”

生来就漂亮的人，别人送给他一面镜子，如果不说给他听，他也不会知道自己比别人漂亮。

《则阳》

保持人性原生态、简单化

人的智慧能力要含而不露，人之耳聪目明也应该内敛积蓄，深藏不露。

将自己隐藏在无边的黑暗中，而观察寻找光明。

重含蓄，也不无重混沌的含义。不要太清晰，不要太外露，人的技能与智慧也不要太发展，这样才能做到朴鄙，保持原生态、简单化，才更有操控的空间。

"人含其知，则天下不惑矣。"

人们能够内敛自己的智巧，天下也就不会有那么多争论、困惑了。

《胠箧》

回到本初，天地开阔

世界的起源状态可以称作无，没有万物的存在，也没有关于万物的名称、概念、观念。

经过自性的修养，人们能返回到道的功能——德上去，返回到最初的起源时期的自然状态，认同这原有的无、有、道、德。

能认同本初，能回到本初，就虚冲空阔了，虚冲空阔了也就宏大宽广了。

“性修反德，德至同于初。同乃虚，虚乃大。”

自性经过修养而反于德，德的最高境界就与太初同一了。与太初同一就是虚无，虚无而无所不容就是广大。

《天地》

第四章　做一个快乐的人

人生宛若大梦一场

梦中的人不知道自己是在做梦，视梦为真。等醒过来了，才知道方才是做梦。

醒得越彻底，越清醒地知道了自己醒来以前是大做其梦，人生宛若大梦一场罢了。

人倒是常常会觉今是而昨非。觉得过去的某些糊涂处如大梦一场。

“梦饮酒者，旦而哭泣；梦哭泣者，旦而田猎。”

梦到喝酒的人，早晨醒了却哭了一场。梦到哭泣的人，早晨起来打猎去了。

《齐物论》

庄周梦蝶，快乐就好

人生的过程当中，命运的起落当中，恰恰有令人闹不清身为何物，身在何处之感。

舒服了不像你自己，像是在梦蝶，蝴蝶的飞舞，观之欣然，观之赞叹，观之怃然。

什么是梦，什么是醒，梦见成了蝴蝶就那么适志，那么快乐，而回到了庄周，就那么狼狈，那么局促。

庄周犹如蝴蝶，何必区别庄周与蝴蝶呢？

“昔者庄周梦为胡蝶，栩栩然胡蝶也，自喻适志与！不知周也。”

庄周做梦，在梦中成了一只蝴蝶，成为蝴蝶以后感觉身心都很舒适，飞起来真是一只蝴蝶，不知道自己是庄周。

《齐物论》

享受人生的快乐

古代的所谓得志的人，不是指他们得到了名位、利益，而是指他们得到最大的快乐与满足。

要解放自身，要取得精神上的独立与逍遥，必须看透轩冕利禄的偶然性、或然性、暂时性、寄居性。

看开了一点点，少一点倒置的痛苦，少一点外物带来的慌慌张张，少来点一惊一乍，多一点逍遥，多一点自由，多一点养生。

"乐全之谓得志。"

能够全面地获得与享受人生的快乐，这才是实现了人们应有的愿望志向。

《缮性》

只有悲观，才能乐观

不管你有多么巨大、高明、真人、仙士、圣贤，关键是做到形如槁木、心如死灰的半死状态。

只有去掉对世界、对他人乃至对自身的不切实际的幻想，才能安顺快乐。

只有深刻的悲观主义者才能做到乐观。

"形固可使如槁木，而心固可使如死灰乎？"

形体原来也可以像干枯的树木，而心原来也可以像死灰吗？

《齐物论》

快乐就是一种简单

每天太阳出来，要干活，太阳下山，就休息。

活得逍遥自在，心情舒畅得意，去管什么天下呢？

劳动人的快乐，低消费、勤劳辛苦、适时休息、随着季节天时过日子，其乐无穷。

健康，有淳朴，有洁身自好，有知足常乐，读之受益匪浅。

“日出而作，日入而息，逍遥于天地之间而心意自得。”

太阳出来就开始劳作，太阳落山就休息，活得逍遥自在，惬意自适。

《让王》

复杂的不是最好的

在当今社会，由于文化的发展、生产力的发展与物质生活条件的改善而使人们的生活日益复杂化，但复杂化带来的一定不是幸福指数的提高。

比如教育的大大的复杂化，尤其是现在的幼儿园也在搞什么智力开发、神童培养，已经剥夺了无数儿童的童年，这是一种正常的做法吗?

“四时得节，万物不伤，群生不夭。”

四季运转有定，节令节律正常，万物不受伤害，也不会互相伤害，众生都能终其天年，不会夭折。

《缮性》

快乐不需要证明

知道鱼的快活是美丽的，不知道鱼是否快活而假设它们是快活的，也是美丽的。

互争高下而并无赢输真伪，这就是生命的快活、天地的快活、自然的快活、大道的快活，这是先验而不需要证明、不需要制图、不需要列出式子的知——论断。

为艺术而艺术，为快活而快活，为辩论而辩论，俯拾尽是，何必端详？

“子非鱼，安知鱼之乐？”

你又不是鱼，如何能知道鱼的快乐呢？

《秋水》

快乐不分穷达

快乐的来由与内容根本不在于自己的通达与穷困，而在于自身与大道同在。

穷与通的判断不可能完全离开形而下的遭遇。

得了大道，对于命运的穷通看得如同寒暑风雨的相互代替一样。

“古之得道者，穷亦乐，通亦乐。”

古时候得道的人，命运穷困的时候是快乐的，命运通达时也是快乐的。

《让王》

无为，是快乐的开始

最好的快乐是无乐，因为没有目标、期许与标准；

至高无上的名望是无誉，因为没有风光与闹闹哄哄的炒作。

人的可怜之处在于常常会人云亦云，跟风逐浪，自以为自己在那里找乐避苦，其实是盲从跟风，事与愿违。

无为是自己解放自己的开始，是自己与自己和解的开始，是至少我自己不要任何的附加物，更不是自己的枷锁镣铐的开始，是寻找至乐、通向至乐的开始。

“至乐无乐，至誉无誉。”

最好的快乐是无乐，至高无上的名望是无誉。

《至乐》

忧患生于碌碌追求

安适、淡漠、寂寥、虚无、无为，这才是天地的素常平衡状态，是道与德的品质。圣人休止于此就能够平易自然，平易自然了就能够恬淡虚静，平易自然而又恬淡虚静了，那么忧愁祸患也就无法侵入。

恬淡就是对外物的浮云主义观。浮云则淡，浮云则变动不羁。浮云则与己无碍，态度够得上恬淡了。皈依虚无、无为的大道，获得精神上的解放、逍遥、优游、闲适，是为了达致生命的最佳状态。

好也罢，坏也罢，自个儿感觉良好、至少不那么恶劣就行。

"平易恬淡，则忧患不能入。"

平易自然了就能够恬淡虚静，忧愁祸患也就无法侵入。

《齐物论》

不知足是痛苦的根源

以有限的生命去追求无限的知识，这样一种痛苦与局限，是人所不免的。

既知此苦，仍要求知，还要更加苦上加苦，这又是谁能避免的呢？庄子认为人的不知足、人的贪知多虑费心伤神、人的精神不得平衡安宁，正是戕害自身的生命的根本原因。

追求太多、太细、太认真，本身就不符合大道，就只能适得其反。

"吾生也有涯，而知也无涯。以有涯随无涯，殆已。"

我的生命是有限的，但智慧是无穷的，以有限的生命去追随无尽的智慧，那是危险的。

《养生主》

世上最可悲的莫过于死心眼儿

世上最可悲的事情没有超得过心死的，与心死相比，身死只能算第二位的不幸。

万物都处于消长、生息、存亡、成败、起落、变化、取代、显隐或显幽的过程中。

本诸天然，顺从规律，而不能由自身规划，挑肥拣瘦。不懂这一点，就是心死，就是死心眼儿。

“夫哀莫大于心死，而人死亦次之。”

最大的悲哀莫过于心死，而人死了也是次要的。

《田子方》

还是稍稍清凉一点好

能够明白天地德性的根本要点，也就是最大限度地通晓了天地的本质与本原，从最根本处领悟了天地的德性，也就能与天相和合。

权愈大，事愈多，影响与使命愈高，能做到平稳理性、从容冷静就愈珍贵。焦虑、急躁、奔忙、火烧火燎好呢，还是稍稍清凉一点好呢？

“与人和者，谓之人乐；与天和者，谓之天乐。”

与人相和合，就是人间的和乐、与人和乐；与天相和合，就是天然的和乐、与天和乐。

《天道》

适当的知足换来轻松

巧妙之人多劳，越是灵巧就越事多；智者多忧，越是有智慧就越要发愁焦虑。

倒是没有能耐的人就没有什么要求，填饱了肚子便自由自在地遨游，像没有缆绳系拴、漂游在水面的船只一样，这才是心境虚无而自由遨游的生活呀！

无能者应该学习充实提高，但学了半天硬是充实提高不起来，也就从另一方面想想，从饱食与遨游方面自慰一下，不妨事的。

“巧者劳而知者忧，无能者无所求，饱食而遨游，泛若不系之舟。”

有技巧的人劳累，聪明的人忧虑，没有本事的人没有追求，吃饱了四处闲逛，就像没有被固定的小船。

《列御寇》

适时地享受人生

富人们，苦着自己，拼命做事，攒下许多钱财而得不到使用，空积财物，有什么用处？

这是将自身置于度外，使自己的财富异化，其实关心不到自身的内里的表现。

奋斗了半天，自己又是吃苦受罪，又是拼命加班，等挣下钱，伤神劳心、紧张压抑，轮不到享用完就离开世界了，准就对得起自己吗？

凡事都不要过头，钱不是越多越好，也要适时地享受人生，追求至乐。

“夫富者，苦身疾作，多积财而不得尽用，其为形也亦外矣。”

富人们，苦着自己，拼命做事，攒下许多钱财而得不到使用，那样对待身体也就太不看重了。

《至乐》

知道适可而止

虽然没有知道太清楚，却知道及时停步、退步抽身。

这也算是道行达到相当的程度了，也就是达到知的顶端了。

不知道适可而止，那么造化的天平定会使你一败涂地。

更聪明与更合理的设计恐怕不是绝对的单面化，而是一种平衡，既然是学得会学得好的东西，自然而然就能学到做好，也就根本没有必要大张旗鼓地去学去干。

“知止乎其所不能知，至矣。”

知道在哪里停止，也就达到一种极致了。

《庚桑楚》

怀旧与遗忘

离开乡里几天，见到老相识老朋友，感到非常高兴；离开的日子月份稍长了些，只要见到认识的人便很欢喜；等到过了一年，见到样子沾点边、好像是同乡的人，就能大喜了。

面对故乡故人我们能有这样深刻的感觉，但是换了另一种情况就不一定了，如果一个人听惯了奉承，听到真话的感觉也会不一样吧。

"不亦去人滋久，思人滋深乎。"

与人分离时间越长，想念的心情也就越强烈。

《徐无鬼》

得之我幸，失之我命

君子不会做盗贼，贤人也不会去偷东西，因为不属于自己的东西绝对不拿一丝一毫。

功名利禄官职，本不属于自己，更不等同于自己，犹自死不放手，头脑发昏，丑态百出。

在社会上，没有什么东西铁定地永远属于你本人，你只是寄居，你只是暂用。

“物之所利，乃非己也，吾命有在外者也。”

这些外物的利益，本不属于自己，更不等同于自己，不过是偶然的时运外加给我的罢了。

《山木》

得失无常，不喜不忧

有所得，不值得喜乐；有所失，不值得忧愁。

得失的这种区分与格局本来就是无常——并不是固定的。

弄明白从古发展至今的大道理，远古与远眺，都不会郁闷，当前的唾手可得的一切，也不期盼，反正时间的嬗变永远不会停止，怀念与瞻望，永远不会结束。

人类除了悲叹无常以外，也还可以往宽处想，有所自我解脱。

“故得而不喜，失而不忧，知分之无常也。”

得到了不必欢喜，失去了不必忧愁，知道分定本就是无常的。

《秋水》

做好本职工作，不越界

厨子有厨子的工作，尸祝（主祭）有尸祝的责任。

不能因为厨子没有去做饭，就越俎代庖。

“庖人虽不治庖，尸祝不越樽俎而代之矣。”

厨师虽然不做祭祀的饭菜，祭祀官也决不能越位来代替他。

《逍遥游》

专注到没有闲工夫

专心去尽你的义务，办你应该办的事儿。

但是只考虑做事情的情理，不考虑自身的得失，连患得患失的闲工夫都没有，谁还会去考虑个人的生死呢？

从胸怀上掌握。你不能脱离开众身只考虑你那一身，你不能过分地为一己考虑。

你要懂得必要时轻身舍身的可能性与正义性，将正常情况下的爱身护身与考验时刻的轻身舍身结合起来，这样道理就完全了。

“行事之情而忘其身，何暇至于悦生而恶死！”

遇事要能把握真情并忘掉自身，哪里还顾得上眷恋人生、厌恶死亡呢！

《人间世》

发现长处，发挥长处

物种各有各的特性，各有各的长短，宝马是行路的，狸猫是捕鼠的，这是它们与生俱来的特性。

要善于发现自己或别人的长处，并且善于为长处找到一个发挥的舞台。

“骐骥骅骝，一日而驰千里，捕鼠不如狸狌，言殊技也。”

宝马神驹，骐骥骅骝，日行千里，但是逮起老鼠来还不如一只狸猫，这说的是它们的技能有所分别。

《秋水》

处于逆境，更要歌唱

大勇在于认知、明辨、选择与决策。

大勇不仅在于敢于斗争、敢于胜利，还在于不做那些鲁莽、荒谬、冒险的伤人害己的事情。

处于极端的逆境，即使性命攸关，不能害怕，不能失常，应该是仁人志士为自己立下的一条铁规则。处于极端的逆境，还照样弦歌不辍，娱乐从容，享受生活，这就很厉害了。

“知穷之有命，知通之有时，临大难而不惧者，圣人之勇也。”

知道穷窘的宿命性质、通畅的时运性质，面临巨大的灾难而无所惧怕，这表现出来的是圣人的勇敢。

《秋水》

不居功，不惧过

做了好事，施与人恩惠，然后念念不忘地等待表扬或者回报，这不是天道，天造福于人从不需要念叨。

“天地有大美而不言”，对于美德的大力提倡，使人们做点好事都会产生“有报也”的浅薄功利动机。

真人至人，首要的条件是不使自己的内心动荡，不居功，不惧过，不求名利，不避灾祸，这才是理想的精神境界。

“施于人而不忘，非天布也。”

施恩于人而不忘其功，这不是自然的布施。

《列御寇》

不攀比，不羡慕

人们无须为外在的处境而悲哀，所有的对于他者的羡慕，都是多余，都是不智。

不要动辄互相攀比，不要动辄互相模仿，也不要动辄互相死掐，世界上许多事是没有可比性、可量度性的。

“夔怜蚿、蚿怜蛇，蛇怜风，风怜目，目怜心。”

夔羡慕百足动物蚿，蚿又羡慕无足爬行的蛇，蛇羡慕移动自由的风，风羡慕用视力捕捉运动的眼睛，眼睛又羡慕能够思考、感应与想象一切运动的心智。

《秋水》

不盲目跟风

别人的成功引来一批八卦广播者、一批凡俗效尤者，庸人们拿上小细鱼竿、细丝鱼弦，跑到小溪河汊上钓鲫鱼与泥鳅去了。

放长线钓大鱼固然是甚为可羡，却不是多数人能够做得到的，更多的渔民则是捕捉点中小鱼虾鳖蟹。

“夫揭竿累，趣灌渎，守鲵鲋，其于得大鱼难矣。”

举着钓竿丝绳，奔跑在山沟小渠旁，守候鲫鱼泥鳅，也想得到大鱼。结果如何，那就难说了。

《外物》

不斤斤计较

被风吹落的瓦片对房檐下面站立的人并没有什么过不去的，但是弄不巧或是弄巧了，人会受到瓦片的攻击。

别人无意中冒犯了你，你不要生气，你才算君子人。

一生中，阴差阳错，多少会与他人产生龃龉、误会，如果个个都斤斤计较，至死都不宽恕，怎样能做到普天下人的平和、公道、讲理呢？

"虽有忮心者，不怨飘瓦。"

即使有很大的嫉恨之心，你脾气很不好，也不该、不必为被风吹落的瓦片击中而埋怨发火。

《达生》

宽容待人，也宽容待己

立身行事，徐缓无躁，无所欲为而笑看伎俩的小巧。

能够免于罪责过失便足够好了，太坚硬了反而易于毁损，太锐利了反而容易挫折。

以深潜为根本，以俭约为主轴。

“常宽容于物，不削于人。”

常常宽容待物，从不挤对别人。

《天下》

警惕美德美名的夸张

美德美名的出现常常是由于坏事成堆、形势太恶，而美德美名的提倡恰恰导致负面的影响。

越是宣扬德行，越会产生名声的表面性、浮躁性。越是强调名声，越助长了语言的显摆与夸张。谋略的发展使情势更加复杂诡异，智巧的膨胀使争夺更加混乱残酷。心思越是呆板，执着较劲得就越厉害。

“德溢乎名，名溢乎暴，谋稽乎誸，知出乎争，柴生乎守。”

德行的夸张过分是由于名声太过，名声上的大吹大擂是由于张扬与显示的意图，谋略的根据是情势的危急，才智的出现是由于争夺，阻滞的产生是由于执着。

《外物》

警惕滥用圣人之名

“圣人不死，大盗不止”之言，非常极端也非常惊世骇俗。

圣人是有影响力的，其理念影响了群众，变成了力量，变成了旗帜，变成了纷争的缘由，变成了假公济私的招牌，使对于真理的探讨变成强权的较量。

有了圣人就有了窃旗帜、窃理念、窃解释权者，欺世盗名者。

圣人之论有其可取处，但也往往会有一厢情愿处，有薄弱处。

“圣人不死，大盗不止。”

圣人不死去，大盗们也不会停止。

《胠箧》

不被道德理念诱惑

理念的实利化不可避免。

仁义礼智信，民主自由人权普世价值，如果完全与人的难免逐利的本能不搭界，其生命力会变得可疑，脱离实际，变成空话。

道德的魅力、精神的魅力却又恰恰表现为它们的非名利性、非利己性。

“名实者，圣人之所不能胜也，而况若乎！”

一个虚名，一个实利，其诱惑连圣贤都无法拒绝，何况你啊！

《人间世》

包容、引领而不是鄙夷、打击渺小

人不必作道德秀，用不着作清高秀，也就用不着着意辞让应得的利益。

不争名夺利，就不必鄙夷未能完全免俗或有争名夺利之心的庸人。

真正的伟大可以包容与引导渺小，但是绝对不会去嘲笑与压迫渺小，也不会爱惜羽毛到病态的洁癖的程度。

"道人不闻，至德不得，大人无己。"

得道之人并不被人称道，有德之人本身并无所得，而境界眼光远大的大人，从来不考虑、经营、表现自己。

《秋水》

不过分做人

都走上了正道，接受了大德的教化熏陶，就用不着过度地强调德了。

强调的结果是人们失去了自然而然的德性本性，变成了矫揉造作或者卖弄作秀。

任何过分强调，必然暴露出来的，恰恰是自己的不足。过分强调，其结果是破坏了自然而然的真实与朴素，造成装腔作势。

一个好东西，却硬是通过生拉硬扯、反复灌输、强制说教、念念有词让人知晓，这样就令众人讨厌反感起来。

“彼正而蒙己德，德则不冒。”

任天地人物各自正性命，把自己的德行隐蔽起来，才不会用己德覆盖一切。

《缮性》

不是只能适应别人要求的角色

看不见自身只看得到外物的人，只羡慕别人而不能自我欣悦的人，是不知道自己应该珍惜属于自己的一切，不懂得自身的内在需要的。

只盯着别人的需要与别人为自身所作的规范的人，是自己不适应自己的已成就、欲成就、自然会成就的角色，而专门去适应别人要求的角色。

"吾所谓明者，非谓其见彼也，自见而已矣。"

理想的目明，不是指能够看得清外物与万象，而恰恰是指能够认识你自己，看见你自己。

《骈拇》

看轻名与利

人自诩比猪不知高明伟大多少，却比猪还不明事理，专门去追逐那些人生的附加物。

那么一些人为了虚荣，为了贪欲，为了争权夺利与自吹自擂丢了性命，其愚蠢接近于猪得到更好的饲养条件却会更快地被宰杀。

人面对的选择会把人自身绕进去，人做出错误选择的概率远远高于猪。

“为彘谋则去之，自为谋则取之，所异彘者何也？”

站在猪的立场，能够舍弃华而不实的一切附加物，而为作为人的自己打算时，却想追求这些玩意儿，这样的话，为人与为猪、人与猪的区别究竟在何处呢？

《达生》

野心大，很可悲

才能贮存多了变成大大的危险，不能说全无道理，能量的蓄积是有危险的。

心计越来越细，谋略越来越精，野心越来越大，这不得不说是一件可悲的事。

“凡能其于府也殆，殆之成也不给改。”

才华在内心深处积存，就会成为危险品，危险一旦形成也就来不及补救改变了。

《徐无鬼》

不要为名作恶

不要偶有所得便沾沾自喜，产生奸诈贪欲逆反之心。不要搞谋略去压倒对方，也不要用战争手段去征服别人。

美名成为作恶的手段，多少名人的昏乱与恶行借助于他们的美名。

与人相争，胜利的就一定是强者吗？何况还有耍阴谋诡计的，赢了也不光明正大。

“无以巧胜人，无以谋胜人，无以战胜人。”

不要用智巧胜人，不要用阴谋胜人，不要用武力胜人。

《徐无鬼》

该放手时就放手

得不到功名利禄的人可能是由于不顺从自我，自己与自己作对。

有些东西要看清，现实问题解决不了的，靠自己的主观愿望也解决不了。

该拿起时就拿起，该放手时就放手。

“身在江海之上，心居乎魏阙之下。”

身在江海旷野之中，心却仍然流连在朝廷宫阙那边。

《让王》

服侍好自己的心态

父母不论在何处，或处于什么境地，给你出什么题目，你都要无所挑拣地、不讲价钱地去完成你的义务，使父母平安快乐，这才叫孝。

所谓能够做到无条件无挑拣，心甘情愿地尽孝，其实只是一个你如何自己尽到对自己内心的义务的问题，是一个关于安排服侍自己的内心状况的问题。

你的内心状态、你的内心取向，才是根本问题之所在，先服侍好、调整好自己的心态。

"子之爱亲，命也，不可解于心。"

子女敬爱双亲，这是命中注定的，不可脱离，不可转移。

《人间世》

孝敬父母要及时

树欲静而风不止，子欲养而亲不待。

孝敬父母要及时，不要等到他们不在了的时候而白白后悔。

“吾及亲仕，三釜而心乐；后仕，三千钟而不洎，吾心悲。”

当初做官的时候父母在世，我用俸禄奉养他们，三釜的低收入也让我心情快乐；如今再次做官，三千钟的所得却赶不上奉养双亲，我的心情很悲伤。

《寓言》

不要欢乐过度

过分地追求成绩，追求颂扬，追求光明欢乐的气氛，并非可取。

过度地欢笑与过度地忧郁，对于人的心理健康来说都不利。

追求欢乐过度会出现伪欢乐、欢乐秀，会降低人们的自省、自律、自我调节能力。天天歌舞升平，全无忧患意识，当然不是好事。

“夫不恬不愉，非德也。”

不能恬淡清静，或不能舒心畅快，都不是有德的结果。

《在宥》

真情真心，出自自然

所谓真，就是精诚的极致。不精不诚，不能打动人。

精诚的真性发于内心，神情的变化才能流露于外表，所以人们看重的是真实、真心、真情。

礼仪，是世俗形成的规矩；真情真心，却来自天生，出自自然，因而不可改变，不可替代。

“真者，精诚之至也。”

真，就是精诚的极致。

《渔父》

只有天然，才是喜乐

懂得天乐的人，他活在世上是自然而然地运行——与天同行，他死了也就化成万物的一部分——与物同体。

承认道法自然、与时俱化，强调天然的舒畅，天然的享受，天然的和乐，天然的欢欣；只有天然，才能有真正的快乐与喜悦，一切人为的欲望、追求、刻意与咬牙切齿、拼死拼活，能够带来真正的快乐吗？

"故知天乐者，无天怨，无人非，无物累。"

体察到天乐的人，不会抱怨天命，不会招惹人间是非，不会被外物牵累与干扰。

《天道》

第五章　在复杂的世界，保护自己

人间世上罗网多

鱼儿常常不畏惧渔网，它们往往知道畏惧鹈鹕。它们知道鹈鹕是自己的天敌，却不知道人为的设计与捕捉更危险百倍。

人祸比天敌更可怕，等于说：鱼知道警惕鹈鹕，却不知道警惕渔网，鱼儿们吃渔网的亏更大。

人间世上，网罗何其多也！

“鱼不畏网而畏鹈鹕。”

鱼儿不畏惧渔网，却知道畏惧鹈鹕。

《外物》

保护好自己

如今世俗的有点地位的人物，往往会为了外在的目的去危及自己的身体、舍弃自己的生命。

命第一，全生第一，其他都是身外之物。

人掌握大道，首先是为了爱护好安排好自身。

大道首先用来完身全生，一个人连自身的生命都护不住，连自己的情绪都控制不住，他能有把握保护其他东西的安全吗?

"今世俗之君子，多危身弃生以殉物。"

世俗的有点地位的人物，往往会为了外在的目的去危及自己的身体、舍弃自己的生命。

《让王》

外物的利益，不属于你

万事亨通，爵位和俸禄一起到来的时候，要明白，这些外物的利益本不属于自己，更不等同于自己，不过是外加的时运，一时给你的罢了。

“无受天损易，无受人益难。”

不受自然的损害容易，不受用人为的助益与影响就比较困难了。

《山木》

“天意”也要检验

所谓天意不天意不都是活人说出来的吗？我们说的人为，是不是可能正是天意呢？

取胜者认为自己是受命于天、顺天应时；失败者也同样会宣称不是对手有优于自己的地方，而只不过是对手有运气。

世界各国各代，有多少升降沉浮、兴衰治乱，又有几个人出来承担人之责，又有几个胜者不是借天唬人，败者不是借天赦己！

“夫知有所待而后当，其所待者特未定也。”

知识与智慧是有所期待的，它们有待于检验与论证，经过了检验与论证，它们才能被认为是恰当、正当的。

《大宗师》

警惕多数人的愚蠢

三个人中两个人犯傻，就不好办了，因为糊涂人成多数了。

知道自己犯傻的不算太傻，知道自己看不准拿不稳的不算太糊涂。真正的愚痴糊涂是一辈子也明白不过来的。

这是对于多数少数问题的思考，存在一种多数的愚蠢的可能性，客观上也有通向多数的暴政的可能性，多数与智商并非成正比。

"三人行而一人惑，所适者犹可致也，惑者少也。"

三人同行，有一个人糊涂，也许人们还可以走到自己想去的地方，因为糊涂人是少数。

《天地》

真理可能被坏人利用

不要以为能够垄断道、道德、仁义礼智信、真善美等这些堂皇概念，强盗也照样会有或已经具有强盗的道、道德、仁义、智勇等。

圣人之道也可能为强盗所用，从而贬低所谓圣人之道的意义，祛除圣人之道的魅力、压力、光环与高高在上。

任何自以为或被以为的得道者，都仍然有自己的欲望、私利与人性弱点，因此被掌握理解的大道，都有被窃取、被利用、被歪曲、被自觉不自觉地曲为解释，使之成为自己某些行为的借口。

“盗亦有道。”

强盗也有自己的道（即规矩、法度）。

《胠箧》

上帝只救自救之人

真正有修养有道行的人，必定会有自身的、固定的、长远的稳定性。

人们常常感到的、所不平的，是天生的倒霉、天生的不如人、天生的受冤受气。

所以保持自身的恒稳性十分重要，上帝只救自救之人。

"有恒者，人舍之，天助之。"

有了操守与功德的稳定性，人们会自然地亲近他、倚仗他，而天也会佑助他。

《庚桑楚》

把自己的事情弄好

仁义是真正的君子人的天性，一个君子人不仁，能够成为一个君子人吗？如果他不义，他也就站不住脚，更无从生发与发挥影响。

公正持中，善待万物，兼爱而全无私心，这正是仁与义的情态。

任凭自然的德性行事，遵循顺遂着大道去行动与靠拢。

人性还是先顾自己，每个个体把自己的事情弄好，社会相对也较少麻烦。

“君子不仁则不成，不义则不生。”

君子不仁义就不会有成就，就无法生存。

《天道》

正视自身的不健康因素

鞭后羊的含义中就有要提高警惕，要找出自身的内内外外有哪些不利因素，正视之、回避之、预防之的意思。

人对于自己的关注要全面，要仔细，要反观自身的不健康因素、病灾因素、致命因素。

“善养生者，若牧羊然，视其后者而鞭之。”

懂得养生的人，他的养生之道就像是牧放羊群，关键是用鞭子驱赶落到后面的羊只。

《达生》

人的八种毛病

专喜欢办大事，专喜欢改常理，老想着惊天动地改写历史，这就是大而无当。

对于包揽批评，也值得思考。你应该有责任感，但你同时也应该有分工观念、范围界限，不必统统揽到自己头上。没有人搭理了还在那儿不断进言，这是佞人的毛病。

"非其事而事之，谓之摠；莫之顾而进之，谓之佞；希意道言，谓之谄；不择是非而言，谓之谀；好言人之恶，谓之谗；析交离亲，谓之贼；称誉诈伪以败恶人，谓之慝；不择善否，两容颊适，偷拔其所欲，谓之险。"

不是自己分内的事也弄过来去干，叫作包揽；没人理你你却偏要进言，叫作佞人；迎合揣摩，顺坡下驴，叫作谄媚；不分是非，巴结讨好，叫作阿谀；背地说人坏话，叫作进谗；离间故交、挑拨亲友，叫作贼害；用伪诈的方法称誉，实为诋毁他人，叫作邪恶；不分善恶美丑，动辄两面讨好，而脸色随机应变，暗暗攫取合于己意的东西，叫作阴险。

《渔父》

对症下药，有多少粮走多少路

人们能够接受的是带上三顿饭走一趟郊野，回到家肚子犹然不饿；而舂一宵米作干粮用，可以跑上一百里地；准备千里长征的粮草，则需要用三个月的工夫。

什么样的情况做什么样的准备，对症下药。

“适莽苍者，三餐而反，腹犹果然；适百里者，宿舂粮；适千里者，三月聚粮。”

到近郊野林去，带上一日之粮就可以往返，肚子还是饱饱的。到百里之外去，要用一整夜时间捣米准备干粮。到千里之外去，三个月以前就要准备粮食。

《逍遥游》

不做害自己的事

不因为俗事而危害自身。

人会做一些旁人做不到的清廉、辞让的事，不做害己害人的争权夺利的事。

不是为了某种规范或者理念，不是为了某个好听的名词，不是为了取媚他人，而只是为了不做自我戕害的事。

“不以事害己。”

不因为俗事而危害自身。

《盗跖》

少一点害人之心

由于利害关系的错综复杂，不同的物类之间也就互相吸引着注意。

螳螂捕蝉，黄雀在后，万事万物，利害得失，顾此失彼，知其一，不知其二。

少一点害人害物之心，多一点质朴与善良，多一点平安与逍遥，心术的平安，是生活平安的最重要的保证。

“物固相累，二类相召也。”

世上的各类事物，原本就是这样相互影响、相互牵累、相互危害的。

《山木》

善恶报应，不能马上见效

做好事不一定马上得到美名成功。

做恶事不一定很快遭到报应制裁。

道的功效并非立见。

善恶到报应，从因到果，都有一个过程或一段时间，不能急。

“为善无近名，为恶无近刑。”

做好事不一定马上得到美名，做恶事不一定很快遭到报应。

《养生主》

即使为了名利，也要做善事

不论是从名誉的角度来观察，还是从利益的角度来考虑，都要当真地实行仁义。

“无行则不信，不信则不任，不任则不利。”

没有善行就不能取得别人的信赖，不能取得别人的信赖就不会得到任用，不能得到任用就不会得到功效。

《盗跖》

名利是凶器，才智也是凶器

德怕出名，德与名一联系就会走样。名紧连着利，一够上名利，德行就可能变成包装作伪，走向自己的反面。

知（智）怕相争，知一相争，就走向反面，变成伤害对手的利器损招、阴谋诡计，恶性的争斗混乱之源。

一个正常的社会群体，总要有激励德行、推动智育的机制，也总要有惩戒社会不良乃至大忌的行为的机制。

“名也者，相轧也；知也者，争之器也。二者凶器，非所以尽行也。”

有了虚名，就有了竞争倾轧。有了智谋，就有了相斗的武器暗器。因此说虚名与智谋这二者，不能让它们畅通无阻。

《人间世》

别做当车的螳螂

从当车的螳螂来说，可能只是过高地估计了自己的力量，也可能是它只问是非，不问利害，只问这车走得是否合理，是否侵犯了螳螂族类的国土主权的完整，只问该不该去阻挡，而不管是否阻挡得住，叫作知其不可而为之，但问耕耘，不问收获。

警告世人尤其是知识精英们，不要骄矜于自己的美德美知，自身的实力不行，那条小细胳臂差堪与螳螂一搏，挡下去，只能自找倒霉。

“汝不知夫螳螂乎？怒其臂以当车辙，不知其不胜任也，是其才之美者也。”

你不会不知道螳螂吧？螳螂发起火来，伸出它的细细的小胳臂去阻挡大车的前进，是因为它过高地估计了自己的力量，这对于螳螂来说也就够美好的了，它还以为它能胜任。

《人间世》

别太依赖自己的特长

自己的特长（包括社会分工）也能成为自我的画地为牢、依赖外界条件、无法取得精神的自由逍遥的祸根。

你有什么功能、特长、长项，你的最最擅长的地方也就是你跌跤的地方。

“知士无思虑之变则不乐；辩士无谈说之序则不乐；察士无凌谇之事则不乐；皆囿于物者也。”

智力发达的人没有思虑上的推演与变换便不会感觉到痛快；善于言辞争辩的人没有谈说的机遇就不会感觉到痛快；喜于明察、眼中不掺沙子的人没有对别人的冒犯，也不会感到痛快。这都是一些局限性，受到了人的天性以外的外物的控制与束缚。

《徐无鬼》

明察秋毫是不祥

过于明察秋毫，是不祥的。眼睛如果能够把最小的灰尘也看个清清楚楚，就无法在卧榻上入睡，无法从盘碗中进食。

什么都注意，什么都记住，就像一个电脑失去了删除、压缩、抗干扰、抗有害信息、抗垃圾邮件的功能，失去了重新格式化的功能，失去了替代与合并的功能，只具有输入、储存、接收信息的功能一样，那就无法工作，只能报废。

“人不忘其所忘，而忘其所不忘，此谓诚忘。”

如果一个人该忽略的地方不忽略，不该忽略的地方偏偏忽略了，那才真是糊涂健忘，智力太差。

《德充符》

聪明会被聪明误

个体的优越条件反会导致困厄，个体的不利条件反而通向光明大道。

以过于聪明来责备人，动不动出手，必然结怨树敌，自找苦吃。

太聪明了，聪明外露，不祥，中国的说法叫聪明反被聪明误。

“中德也者，有以自好也而吡其所不为者也。”

中德之祸，是指自以为是而排斥与自己想法不同的一切。

《列御寇》

该畏惧时畏惧，该防范时防范

对于人来说，你怕什么警惕什么并不需要亲身经历，在枕席间或餐饮时听到了信息，就能有所提防有所警惕了。

该畏惧的时候不畏惧，该防范的时候不防范，该警惕的时候不提高警惕——那可就是自取其咎。

畏途之说，听见路上有险，都很警惕，但是对于枕席上、餐饮上的好色与饕餮之害，却听之任之，是人之大过。

“人之所取畏者，衽席之上，饮食之间；而不知为之戒者，过也。”

对于人来说，在枕席间或餐饮时听到了信息，就应有所提防有所警惕了；不懂得以此为戒，那就是过失了。

《达生》

寿则多辱，富则麻烦多

长寿、富足，是人们的心愿，却不是对自己都只有有利的一面。

富了当然出事出麻烦，一个大富豪活得要比打工仔复杂得多。富了被攻击被嫉妒的，古今中外，大有人在。

寿则多辱，更令人震惊：一味地长寿，渐渐落在时代后面，智力体力渐渐不支，同辈人尽数离去，你无意中变成了老古董老怪物。

“富则多事，寿则多辱。”

财富多了麻烦也就多，太长寿了容易在衰老病弱之后受欺负受污辱。

《天地》

利益导致迷失

如今的人，都生怕失去自己眼前的利益，患得患失，见利忘身，不知自爱，这未免太糊涂了吧！

能够尊重生命的人，不会由于富贵而养尊处优反而伤害身体，也不会由于贫贱而贪利以致牵累自身的形象与行止。

眼前的利益是足以动人，但不要只顾及这一方面，永远不要忽视其潜在的危险。

“见利轻亡其身，岂不惑哉！”

见利忘身，不知自爱，这未免太糊涂了吧！

《让王》

不做奴隶

不要承担虚名，不要生产计谋，不要成为事务任务的工具，不要强迫别人去做什么不做什么事，不要成为知识与智力的垄断者、裁判者、鼓吹者。

警惕异化现象的渊薮。不要让名、谋、事（功）、智慧反过来主宰了自己，反过来牺牲了自己。

预防自己变得像有名声的尸体、变成府库、变成催迫自身的压力，变成主导自身或被自己所主导的异己的力量。

“无为名尸，无为谋府；无为事任，无为知主。”

不要承担虚名，不要一味生产计谋，不要成为事务任务的工具，或不要强迫别人去做什么，不要成为知识与智力的垄断者。

《应帝王》

不显摆，不找麻烦

太张扬名声仁义了，只会因为自己的显摆而自找麻烦。

简单凑合，就好养活了；不必费力，没什么要求，也就用不着有什么支出与代价了。

以彰显、张扬为价值的人，做不到谦让自己的名声，从不反思自己无休无止地追逐的东西的真实含义，一旦失去了，会感到悲哀，成了被老天所折磨刑戮的罪人。

“名，公器也，不可多取。”

名声，是天下的公器，为天下人所拥有，个人不应该占有过多，也不要利用过多。

《天运》

不逞能，不外露

不要逞能，不要浅薄外露，不要扬扬自得，这些中华古圣先贤的教谕无疑是正确的、有益的。

只讲这一面理则易流于一味地韬晦，缺少正大光明的竞争与上进。

需要两方兼顾，既要谦虚，不骄傲，又要勇于竞争，积极进取。

“无以汝色骄人哉。”

不要在世人面前趾高气扬、盛气凌人。

《徐无鬼》

善于保藏自己的锋芒

颇似宝剑的是人们的精神，能够四面八方纵横驰骋，尽显威风。

精神如宝剑，首要的是收藏，不可轻用。宝剑的长处正是它的短处，它太锋利，能劈金断玉也能损尖伤钢。

中国人推崇谦虚、退让、谨慎，一个富有智慧、反应机敏、境界宏大、志气高远的人，不应该轻用自己的精神力量，不应该不懂得保存收藏、韬光养晦的重要性。

“夫有干越之剑者，柙而藏之，不敢用也，宝之至也。”

有一把吴越宝剑，把它装到匣子里，小心翼翼地珍藏起来，不敢随便使用，真是珍贵极了。

《刻意》·

心服而且口服

好辩的名嘴，迷惑人心，改换人意，能够胜过他人的口舌言辞，却不能让人心服。

每天靠才智与人们辩论，和天下的辩者一起兴风作浪，这可以说是辩者的局限了。

光靠辩论赢得别人，不能使对方心服，只能使他们口服，这就是一种不成功的做法。

“能胜人之口，不能服人之心。”

能够在言辞上胜过别人，却不能让人心服。

《天下》

不轻易表态

呆若木鸡的意义已经被扭曲了，原本是指不动声色、深不见底、不鸣而威的神奇形象。

形象、风度、举止、仪表上，我们不可张扬外露，不失之轻率，不失之天真，不轻易表态，以防祸从口出。

“望之似木鸡矣，其德全矣，异鸡无敢应者，反走矣。”

若无其事，看上去像只木头鸡，它的品质与功能可以说是完备无缺了，别的鸡没有敢于与它叫阵的，也没有敢回应它的，都是一见它就掉头跑掉。

《达生》

喜怒不形于色

一个人聪明外露,精出个样儿来,不自然朴实,让人不敢相信他。

要做到“喜怒不形于色”，别太张扬外露、凸显个性，啥都跃跃欲试，到处针尖对麦芒。

谦虚谨慎，内敛深藏，大智若愚的人，一般更符合中国人的思维要求。太多太明显太外露的表情，太多的手势等肢体语言，一般不受待见，容易虚浮，使人产生不信任的感觉。

“知巧而睹于泰，凡以为不信。”

聪明外露，精出个样儿来，让人不相信他。

《天道》

当心恭维和殷勤

当面说好话，背后一定就会说坏话，这是一种超清醒的逻辑，这也是识人准则，可惜明白的人太少。

善言愈多，对他的恶评愈甚；许诺愈重，他从你这里要夺去的就愈多。

“好面誉人者，亦好背而毁之。”

那些当面歌颂你的人，也最喜欢背后损害你的名声。

《盗跖》

树立良好的形象

君子不用说什么就能得到别人的信任。

有身教，有以往的诚信记录，有良好的形象：诚挚，朴素，本色，不左顾右盼，不贼眉鼠眼，不挑肥拣瘦，都会给人以好印象。

树立一个形象，一个榜样，理论上说这并非做不到。

"夫子不言而信，不比而周。"

没有言说而已经为人们所信服，不刻意接近谁而与其亲密。

《田子方》

谦虚而有自信

为人行事贤淑良善，却不摆出一副品行楷模的架势，走到哪里能不受到敬重和爱戴呢？

东方文化相对喜欢含蓄，不喜欢张扬吹嘘，强调满招损，谦受益。

我们追求的应该是自信自强与谦虚谨慎的平衡，是诚朴与智慧的结合，是无为与无不为的全面，是争先恐后与冷静观察的恰如其分。

“其美者自美，吾不知其美也；其恶者自恶，吾不知其恶也。”

那个长得美丽的妾老是自以为多漂亮，令人厌烦，结果我不觉得她漂亮；那个长得丑些的妾呢，自以为不行，我反而不觉得她不中看。

《山木》

做事有度，怒过要静

无论做什么事都要求一个恰当适度，做什么事都要考虑个不得已，即做什么事也不能一意孤行、放肆痛快。

一个活人，总会有怒有为有喜有悲，但本原是无怒无为无喜无悲，是什么也没有的虚静状态，偶有所怒，怒罢仍然是不怒，偶有所为，点到为止。

“欲静则平气，欲神则顺心。”

想要宁静就要平息意气，想要养神就要理顺心绪。

《庚桑楚》

不要传播情绪化的说法

喜欢兴风作浪、挑拨是非的好事之徒，秉性乖戾，巴不得有事闹腾、天下大乱，趁机浑水摸鱼，投机取巧，乱中取胜。

双方喜悦了，说话都会和悦美好，双方为点事发火了气愤了，必然会有过分的恶言恶语。

“传其常情，无传其溢言，则几乎全。”

传达它们的正常情理，不要传达那些过分情绪化的东西，那就差不多可以保全了。

《人间世》

善于调控喜与悲

哀乐不入，宠辱无惊，是一个人的修养到了顶峰的表现。

人是会哀的，也是会乐的，有哀有乐，才是人生。

自我能够调节，哀乐毕了，还得好好活下去，该干啥得干啥。

不能因哀而伤身，而导致心理疾患；不能因乐而狂躁，而导致妄自尊大。

“安时而处顺，哀乐不能入也。”

听从时间时机的安排，顺从一切的得失与生灭，哀与乐就不可能进入我的身心，不可能干扰我的情绪。

《养生主》

要尊重他人的个性

畸形怪人对于一般人来说是畸形与奇怪，对于天道来说，其实很可能是随和平顺而且与天道相一致的。

这话很具有叛逆性，具有把颠倒了的是非再颠倒过来的挑战意味。被规范化后的礼数，把烦琐庸俗变成了虚伪，而没有尊重个性，尊重每个人表达或不表达情感的自由。

“天之小人，人之君子；天之君子，人之小人也。”

对于天来说，一些小人，正是人世的君子。而天道所认可的君子，恰恰是人间比较平顺的小人。

《大宗师》

辨别他人的言语

人们常常通过自己的心思来揣度他人。

常言道：良药苦口利于病，忠言逆耳利于行。

善于辨别他人的言语，不要一股脑儿地顺着自己的心意。

“顺其心则喜，逆其心则怒。”

谁顺从他的心意他就高兴，谁违逆他的心思他就大怒。

《盗跖》

不故意去交友

用不着故意交友，用不着拉拉扯扯，用不着我给你办事你给我办事。

友谊的基础是理念、是气质、是对于俗世争夺的绝对超拔，是精神能力与境界的高蹈超越。

友谊不必举杯，友谊只不过是，我们不会忘记。但最好的友谊是不必记住的友谊，是相忘于江湖、相忘于大道。

“相视而笑，莫逆于心。”

双方互相看着，发出会心的微笑，心中没有抵触。

《大宗师》

与志同道合的人交友

人的生活并不是一个绝对自由、独立、自发的过程。

搞得言说太多，名堂太多，概念标准太多，只能使人头脑复杂，表面文章增加，作秀频频，虚与委蛇，言行脱节，失掉了人的本真。

真，并不是一个实证的概念、实验室精确计量或精确逻辑推导的概念，它是一个感觉的、主观的概念。与其说它在提倡真实，不如说它在提倡真诚，它要的是无所选择判断推敲的真，天然的、毫不费力的。

与人交接要分清对象，哪些可以相与论道，哪些只是泛泛之交。

“可与往者与之，至于妙道；不可与往者，不知其道，慎勿与之，身乃无咎。”

可以与他同行的人就与他结伴同行，一道去领悟玄奥的大道；不能与之同行的人，他不可能真正懂得大道，那么最好谨慎一点，不要与他同行，自身也就不会招来祸殃。

《渔父》

以利相交，利尽则散

因利益而结合的，遇上困境、祸事、患难与危害就会相互抛弃，谁也顾不上谁。

以天性相连的，遇上困境、祸事、患难与危害就会相互融合，谁也离不开谁。

物以类聚，人以群分。以利益而结合的人，本身目的就是不单纯的，各怀打算，莫衷一是。

当利益一致的时候，也许大家还能一起共事，一旦发生利益冲突，必然土崩瓦解。

“夫以利合者，迫穷祸患害相弃也。”

因利益而结合的，遇上患难就会相互抛弃。

《山木》

真心交真友

君子淡泊却心连着心，小人甘甜的深处其实并无情义可讲，他们的关系最终只能是断绝丢弃。

大凡无缘无故无情无义地结合在一块儿的，也会无缘无故无情无义地分手。

保持目的的纯洁性去交友，不要过多算计，真心的朋友只能以真心交换。

“且君子之交淡若水，小人之交甘若醴。”

君子的交谊恬淡得像是清水一样，小人的交情才甜蜜得像酒酿一样。

《山木》

放弃友谊，也是一种成全

互相吐着水沫子湿润对方，不如畅游在江河湖海里而彼此相忘更自在。

相濡以沫在道德人心上十分动人，但是用这个办法是发展不成生产力的。

只有相忘于江湖，才会有鱼类与渔业的大发展。

“泉涸，鱼相与处于陆，相呴以湿，相濡以沫，不若相忘于江湖。”

泉水干涸，鱼儿困在陆地相互依偎，以唾沫相互湿润求得生存，（此时此境）却不如它们彼此不相识，各自畅游于江湖。

《大宗师》

终章　齐生死，任逍遥

仅会养生还不够

物质保证有了，不等于就能活得健康顺畅；身体零件全乎了，也不等于就具备生命的质量。

世人以为保养好身体就足以让生命存活，但保养身体对于存活生命并非足够。

“达生之情者，不务生之所无以为；达命之情者，不务命之所无奈何。”

通晓生命的情理的人，不去从事那些对于生命并没有什么意义的事；通晓命运的情理的人，不会去从事那些无可奈何的事。

《达生》

坦然看待人生易逝

人生于天地之间，就像骏马（或谓日光）掠过空隙，不过是转眼间的事。

必须认可这事实、这规律、这天意、这大道。

既沉郁又豁达，既实际又开通。

“人生天地之间，若白驹之过隙，忽然而已。”

人生在世，如白马（或日光）掠过空隙，是转眼即过的事。

《知北游》

生和死是一体的

我们无法为了生而使死者复生，也不可能为了死而使生者死去。人的死和生其实是一个整体。

生与死本来就是一体的，古与今本来就是一体不可分的，万物的存在压根儿就是这样的。

生死不可分割，本来就是人生所必须经历的过程，是客观规律，无法抗拒。

面对人生中各种无奈的事，包括生死这种极端情况，不能主观要求强行改变，因为那是荒谬的。

“不以生生死，不以死死生。”

不能为了生使死者复生，也不能为了死而使生者死去。

《知北游》

生死没什么了不起的

死与生都是命中注定之事，并不取决于你自己的愿望。

就像白天必然会被黑夜代替，黑夜必然会被白天代替一样，恒常如此，常理常情，人掺和不进去，干预不了。

生死的问题是激动人心的，甚至于可以说是一个死结，生生死死、悦生恶死都是世间的常情，没有办法的。

人很可怜，但也很聪明，完全无奈了，便只有接受了。

但是，有比生命个体更重要、更尊严、更强大、更永恒的东西在，有个体生命愿意敬而畏之、信而仰之、奉而献之的参照物在。接纳了大道之后，死亡又有什么可怕的，生死又有什么了不起的呢？

“死生，命也，其有夜旦之常，天也。”

死与生都是命中注定之事，就像白天和黑夜彼此代替，恒常如此。

《大宗师》

时日岁月，主观客观，不可分割

如果你不算计每一天，也就不会介意每一年，你不介意每一年，也就不介意你的或他人的一生一世、一世纪、一万年。

既有对于为与不为的破除，也有对于个体生命存殁的超越。

万物都是时时变化的，同时万物都永远是万物，它们有自己的永恒性与不变性。

“除日无岁，无内无外。”

不介意时日就不会累积成年，忘掉了内里与自我也就能忘掉外界与周围的事物。

《则阳》

镇静对待生死

气变成了形体，形体变成了生命，现在生命又变成了死亡，这与春夏秋冬四季的运行是一样的道理。

以通达的态度对待亲人的亡故，节哀顺变，适可而止，面对与接受、想通与镇静地对待一切一切的生老病死。

“察其始而本无生，非徒无生也而本无形，非徒无形也而本无气。”

当初并没有生命，不但没有生命，而且没有形体、形状，不但没有形体、形状，也没有这么一股生命之气。

《至乐》

沉住气

生死之事已经够大的了，但不必为之变色变心。即使天塌地陷，也不能丧失自我——自己的主心骨。

我们要明辨万物自然而然地发展变化的道理，却不跟随着变化而动摇迁移震荡，要永远沉得住气。认同与理解万物的变易却守护着自身的宗旨与根本。从大道的观点来看，全世界正是浑然一体，万物间并无高下远近亲疏的区别。做到了这一点，谁还管什么耳目感官的印象，心思、思虑早已升华到了和合的德行之中，看到的是本质的同一。

"死生亦大矣，而不得与之变。"

生死之事已经够大的了，但不必为之变色变心。

《德充符》

多想想活着的事

生的开始也就是死的开始，这是常识内的认识，是不争之论。

婴幼儿一直到青年，是方生为主，方死则是较远的预后。

你应该更多地考虑如何生的事。

“日方中方睨，物方生方死。”

太阳刚刚正中的时候也就开始偏移了，一物出生也就开始走向死亡了。

《天下》

生命需要传承，生活应该逍遥

薪是有限的，火却可以一棒一棒地传下去。

世界上既有不断生生灭灭的万物，也有一棒棒传递下去以至于无穷的火苗、大道、智慧、觉悟、理念与真理。

不必为某一根薪柴的燃尽而过度悲伤、消极悲观。火种不会熄灭，火焰美丽依旧，无穷的生生灭灭造成了光辉的火焰的恒久永存，可歌可泣，可赞可叹，可悲可喜。

作为生存状态，生活得应该更加轻松自然一些，心胸应该豁达，见解应该高超，语言应该畅快，生活应该逍遥。不无小补，直到不无大益。

“指穷于为薪，火传也，不知其尽也。”

薪是有限的，火却可以一棒一棒地传下去，不知道它的终结。

《养生主》

逍遥自在的活法

最好的礼法是不分你我的，最好的正义是不分彼此的，最高的智慧是全无谋划的，最大的仁爱是绝无亲疏之别的，最大的诚信是无须用金玉之类的物品作为凭证、抵押的。

人生不要搞得太烦琐，价值不要定得太细密，礼法不要搞得太严格，关系不要推敲得太清晰。

大而化之、听其自然、随遇而安的人生原则与处世方式，即是这样逍遥自在的活法。

“至礼有不人，至义不物，至知不谋，至仁无亲，至信辟金。”

最好的礼法是不分人，最好的正义是不分物，最高的智慧是全无谋划，最大的仁爱是无亲疏之别，最大的诚信是不用金银等物质做凭证的。

《庚桑楚》

真正的逍遥，是主宰自身

真正的解放，真正的逍遥，真正的游是主宰自身。

身体虽然压坠在地上，精神却完全可以逍遥遨游于无穷，也只有进入了无穷、神游无穷，得大自在，才能做到至人无己，不必为自我的俗利而操心费力。

神人无功，不必刻意去做什么不做什么，进入化境，行云流水，万事如有神。

圣人无名，自身的修养已入圣境，还要那个破名臭名虚名干啥？“名”亦可作概念与逻辑解，还费心费力地思考琢磨什么呢？

“若夫乘天地之正，而御六气之辩，以游无穷者，彼且恶乎待哉！”

若是乘着天地间的正常运行，驾驭着六气的自然变化，遨游在不受时空限制的道的领域，这还有什么需要凭借的呢！

《逍遥游》

自由与逍遥

有没有知识信息来源都照样什么都知道什么都掌握，靠的是道心；靠的是天生的知、天生的能；靠的是虚而待之，无感其名，不入则止。

没有别的办法，只能反求诸己，让自己取得精神上的自由与逍遥。

“闻以有翼飞者矣，未闻以无翼飞者也；闻以有知知者矣，未闻以无知知者也。”

听到过由于有了翅膀而飞翔的东西，没有听说过由于并无翅膀而能够飞翔的东西。听说过由于有知识有智力而变得有智力有知识的人，却没有听说过由于没有知识与智力而获得智力与知识的人。

《人间世》

活成本真的样子

如果懂得自己的所以然的道理，秋毫也是够大的，它不会要求自己放大，更大；放大了更大了就不是秋毫而是舆薪——柴火了。而如果它一心膨胀，泰山也是不能满足的，还有喜马拉雅山比它高，黄山比它秀美，阿尔卑斯山比它如何如何。

寿命也是一样，珍惜生命，享受生命，善待生命。短短的几年也够你做许多令人满意的事情，而欲壑难填，野蛮麻木，即使像彭祖那样活上八百年又有什么好处？

“夫天下莫大于秋毫之末，而太山为小。”

天下最大的是秋天鸟类脱下的细毛，太（泰）山才是最小的。

《齐物论》

自在胜过功名

龟在泥地里摇着尾巴，忍脏受烂，以歪就歪，形象滑稽，俯首低调。

神龟死了三千年，被楚王用丝巾包裹了它，放到竹匣里，收藏到庙堂之上。但这只龟，是愿意死去，由尸骨去享受荣华富贵呢，还是宁愿摇着小尾巴生活在泥泞中呢?

与其违心地去追求功名利禄，还不如就待在本来自在的状态。

“吾将曳尾于涂中。”

我将像乌龟一样拖着尾巴在泥里逍遥自适。

《秋水》

自由与方向

猖狂是自由的意思，自由了就会猖狂，有趣。

“不知所如往”，则至少可以作两种解释：一个是百姓处于自发多元的状态，并无一定方向目标；一个是百姓不知道至人的所往，不知道伟大的至人的目标与方向，自然也不会因为自身的愚昧而干扰至人的伟大。

“猖狂不知所如往。”

内心烦躁、空虚、缺乏信仰，不知道该干些什么。

《庚桑楚》

以逍遥之心，处人间之事

随着外物的变化而变化，以优游潇洒的心态度过每一天，依据各样的不得已、不得不在意的戒律来自我控制，保全自身的适中适度，不必考虑那么多后果与回报。

外儒而内道，以出世的心态完成入世的使命。人的处境各样，只要保持清醒冷静，保持警戒而又主动的精神状态。

不使自己患得患失，并能急流勇退，内心逍遥，才能自救。

以逍遥之心而处人间诸事，这也是处理人间诸事的“众妙之门”。

“且夫乘物以游心，托不得已以养中，至矣。”

顺应自然而使心志自在遨游，一切都寄托于无可奈何以养蓄神智，这就是最好的办法。

《人间世》

逍遥的快感

宣扬一种逍遥、自在、养生、悠游、追求精神的独立与满足的主体性、精神性、道性、高境界的价值观。

关心的只剩下了养生、求生，终其天年生存权与精神生活的畅快、自由、满足即逍遥游的快感了。

“夫鹓鸰，发于南海而飞于北海，非梧桐不止，非练实不食，非醴泉不饮。”

鹓鸰从南海起飞，一直飞到北海，不是高贵的梧桐树不栖息，不是修竹的果实不吃，不是甘甜的清泉不喝。

《秋水》

不争一日之长短，追求精神的解放

与造化合一，徜徉于、接受于天地之一气、阴阳之一统。生命是气的凝结，活着是临时假借一个个不同的躯壳，死了是回归同一的自然的依托。

遨游于方内方外、此岸彼岸、精神物质、形而下形而上的伟大存在，因之浑然有所悟，飘然有所游，凄然有所感。不必计较名利得失之属，不争一日之短长，追求一种精神的绝对解放！

“芒然彷徨乎尘垢之外，逍遥乎无为之业。”

空茫地游走于尘世之外，逍遥地从事着无所为的大业。

《大宗师》

给心灵留些空间

不必太执着、太较劲、太高调、太亢奋。

为了畅通与开阔，人必须为自己留下足够的空间。

留下空间，留下余地，游而由之，遨游就是自由自在、自适自乐，就是随性随天。

“心无天游，则六凿相攘。”

内心没有足够的活动空间，那么喜怒哀乐好恶六种情绪就会出现乱局。

《外物》

把自己交给虚空

瞭望那巨大的空无，谁的一生没有为这虚空而震动过，谁的人生没有为这缺失而痛苦过，谁的一生没有为这虚静而赞美过或者迷醉过呢?

把自己交给这令人战栗、令人开阔，也令人崇拜的虚空，那么你的心境就会像一间虚以待人待物的房子一样明朗宽敞、光辉洁净，这样的空无才是最大的吉祥，才是吉祥的根本、吉祥的内涵，止于此矣。

坐下来，其实精神更自由更活跃更可以上天入地、掀动扶摇羊角，在虚室生白，不受外界干扰的前提下，可以与鬼神或者上帝交流沟通。

“瞻彼阕者，虚室生白，吉祥止止。”

如果把眼前的万物都看作空虚，就能使自己的心境空明，发出纯白的自然之光，吉祥就会集于虚明之心。

《人间世》

挣脱心灵之网

能够出世，能够具有出世逍遥、高端超拔、独立不羁的品格，比善于精于入世更重要。

出世的道行乃是入世的前提与基础，而保持精神的自由与主体性比治理天下、掌握威权更重要。

宁愿想入非非，不可丧失主动；宁愿无为一身轻，不可为外物所役，即不可使自己陷入被动。

“出入六合，游乎九州，独往独来，是谓独有。独有之人，是谓至贵。”

出入六合三维空间，遨游天下九州，想去哪儿就去哪儿，想做什么就做什么，这叫作独往独来。这叫作独有——独立。能做到独有——独立，这才算至高无上。

《在宥》

无所用，得自由

逍遥要无待，要满足，摆脱一切外物的干扰，更不要说追求外物了。

要求的是绝对的主观精神的无拘无束，彻底自由。

要无所用，为世所用也就是为外物所累，无用则无累，无累则自由。

你觉得你逍遥，你觉得你自在，你觉得你不受外物的役使也不受物议的困扰，你也就沾了逍遥的边。

“不夭斤斧，物无害者，无所可用，安所困苦哉！”

这样大树就不会遭到斧头的砍伐，也没有什么东西会伤害它。它没有什么用处，又哪里会有什么困苦呢？

《逍遥游》